Erika Lorenz

AUF DER JAKOBSLEITER

Erika Lorenz

AUF DER JAKOBSLEITER

Der mystische Weg des Johannes vom Kreuz

HERDER

Freiburg · Basel · Wien

Spanische Originaltexte in der Übersetzung von
Erika Lorenz

Alle Rechte vorbehalten – Printed in Germany
© Verlag Herder Freiburg im Breisgau 1991
Herstellung: Freiburger Graphische Betriebe 1991
ISBN 3-451-22319-8

MEINER MUTTER
ZUM 91. LEBENSJAHR

Inhalt

Vorwort

Johannes vom Kreuz für uns heute

Die fünf Kapitel dieses Buches mögen auf den ersten Blick bunt erscheinen, aber ihre Folge entspringt nicht dem Zufall: Es sind die Facetten, die im Lichtstrahl der Betrachtung aufleuchtenden Seiten dieses schönsten Edelsteins christlicher Mystik: Johannes vom Kreuz in seinem Leben zwischen Aktion und Kontemplation, als Seelsorger und geistlicher Führer, als Kontemplativer eines neuen Bewußtseins, als Dichter von Weltrang und als Mystiker, dessen Erfahrung die Wahrheit der christlichen Botschaft bezeugt. Kurz, für uns Menschen von heute ein gottbegnadetes Genie, dem Sprache geschenkt wurde für das Unsagbare, Bilder für die „lautlose Musik" der tiefinneren Wahrheit.

Und es ist auch kein Zufall, daß er in unserem Jahrhundert „Kirchenlehrer" wurde, in einer Zeit also, in der dieser Ehrentitel nicht mehr von der Allgemeinheit verstanden wird, so wie auch der Begriff „Kirche", – Ekklesia –, als „Versammlung" eher den Außenseiter als den typischen Repräsentanten des Gemeinwesens einzuschließen scheint.

Was bedeutet da Johannes vom Kreuz? Eine letzte Verbeugung vor vergangenem Glanz, so wie man gern einmal die Oper Monteverdis hört? Oder ein Zeichen der Hoffnung, ein Schiff auf stürmischem

Meer, ein Wandeln über Tiefen, in denen niemand gern versinkt? Also eine Chance?

Man mag mir jetzt sagen, daß ich mit diesen Vergleichen dramatisiere. Aber dramatisierte auch Karl Rahner, dieser nüchterne Theologe, als er die spirituelle Situation der Kirche in unserer Zeit beschrieb? Und hat sich etwas gebessert, seit er fragte: „Wo gibt es über alles rationale Andozieren der Existenz Gottes hinaus eine Mystagogie der lebendigen Erfahrung Gottes, die aus der Mitte der eigenen Existenz aufsteigt?"

Und schließlich die große und vergebliche Suche in unserer so menschenreichen Zeit nach den „christlichen Gurus", den „geistlichen Vätern", die „das Charisma einer Einweisung in die Meditation, ja in eine Mystik haben, in der das Letzte des Menschen, seine Vereinigung mit Gott, in einem heiligen Mut angenommen wird." *

Die Gültigkeit dieser vor fast 20 Jahren geschriebenen Worte bestätigt das heutige „New Age" mit seiner überrationalen Sinnsuche. Nur daß aus der Gültigkeit inzwischen eine Not geworden ist, eine Bedrängnis, für die kaum eines der versuchten Ventile wahre Hilfe bietet. Aber kann man da auf einen Mystiker verweisen? Wer liest ihn, wer versteht ihn denn?

Nein, nicht irgendeine Mystik, nicht irgendeine Frömmigkeit vergangener Zeit kann aufarbeiten, was innerhalb und außerhalb der Kirche versäumt wurde. Dennoch, Johannes, Juan de la Cruz ist ein besonderer Fall für unsere Zeit. Denn er wußte um Gottes unaussprechliche Ferne, wußte um das Unzureichende unseres Denkens, unseres Sprechens, un-

---

* Strukturwandel der Kirche als Aufgabe und Chance (Herderbücherei, Bd. 446), Freiburg i. Br. 1972, S. 91 (Neuausgabe mit einer Einführung von J. B. Metz, Freiburg i. Br. 1989).

serer ganzen begrenzten Kreatürlichkeit, die doch eigentlich resignieren müßte vor Gottes alles übersteigendem Anderssein. Aber Johannes hatte in dunklen Nächten erfahren, daß dieses Anderssein für uns nicht weniger bedeutet, sondern mehr. Nicht „Abwesenheit", wie wir heute die Transzendenz so gern interpretieren, sondern „geheimnisvolle Anwesenheit", eher erfahrbar als verstehbar. Vor allem aber uns dargebracht im Leben, Sterben und Auferstehen Jesu Christi: Ganzoffenbarung Gottes.

So umfassend ist auch die Mystik des Juan de la Cruz. Man lasse sich nicht abschrecken von harten antigeschöpflichen Formulierungen in den ersten Werken. Johannes kämpft damit nicht gegen die Geschöpfe, sondern gegen unseren ja wahrhaftig tiefverwurzelten Egoismus. Und er liebt es, wie in einem Drama die Gegensätze aufeinanderprallen zu lassen, die Konflikte scharf zu beleuchten, um dann dem aufgewühlten und aufgerüttelten Zuschauer sanft die Gnade und Liebe Gottes vor Augen zu stellen, die alle Konflikte löst. Ja, die sich erst ganz in Krisen offenbart, wie Juan selbst sie im dunklen Kerker erfuhr. Sein Glaube ruht auf dem Wissen um die Finsternisse des Daseins, auf der Erfahrung von Gottverlassenheit und nicht mehr tragender Frömmigkeit.

Johannes gibt weiter, was er erfuhr: die unabweisbare Realität Gottes, die nicht einzugrenzende Liebe Christi. Seine berühmten, aber weitgehend unverstandenen „Nächte" sind Prozesse, die zur Verwandlung des „alten Adam" in den „inneren Christus" führen, und zwar mit Gottes nicht gleich verstehbarer Hilfe. Johannes möchte dafür Geistlichen wie Laien die Augen öffnen, möchte Irrwege der Führung wie des Eigenwillens vermeiden helfen.* Seine

---

* Im dritten Buch der „Lebendigen Flamme der Liebe".

„Mystische Theologie" geht über die des von ihm geschätzten Areopagiten hinaus, weil er zeigt, wie Gottes „überlichthaftes Dunkel"* sich einläßt auf unsere sich ihm ganz subjektiv erschließende Individualität, auf die „Disposition der Seele", wie Juan de la Cruz es nannte (3 S 2,13).

Dieser geistliche Führer auf dem Wege zu Gott weiß, daß er eine Sprache sprechen muß, die ankommt bei seinem Leser. Er führt mit ihm einen ständigen Dialog, sagt: „Sie werden jetzt einwenden", sagt: „Das mag Dir noch dunkel sein, lies es noch einmal", sagt: „Mein Leser möge mir verzeihen, daß ich davon so lange redete, aber es war nötig", sagt: „ Auf, liebe Seele, nur Mut!", sagt: „Wenn du nicht gegensteuerst, wird es schnell gehen."

Und dazwischen dann sein eigener Dialog mit Gott, in den er den Leser einbezieht: „Mein Gott, ich habe hierfür die Gabe der Sprache, aber es hapert noch mit dem Tun. Laß meine Leser vollbringen, was ich nicht vermag."**

Johannes spricht keine der „Kirchensprachen", die heute nicht ankommen. Also nicht, um Bischof Stecher (Innsbruck) zu zitieren, die Sprache der „Festungskirche" oder der „Anbiederungskirche", auch nicht die Sprache der „militanten Kirche" im Geiste der spanischen „Reconquista" (Wiedereroberung). Er spricht eine Sprache, die aus dem Herzen kommt und darum die Herzen berührt. Schlicht, aufrichtig, erklärend, vertiefend, immer besorgt, daß man ihn verstehe, daß ihn Leser sehr verschiedener Individualität verstehen mögen. Es ist eine Sprache, die

---

* Vgl. *Kurt Ruh*, Geschichte der abendländischen Mystik I, München: Beck 1990, S. 65.
** Frei nach dem Prolog zu den „Dichos". Die Kurzzitate mehrfach im ganzen Werk.

nicht verurteilt, nicht einengt: „Gott liebt alles Gutes,
auch im Ungläubigen und Heiden" (3 S 27,3), die
über die Christenheit hinaus an die Menschheit
denkt: „Das größte Werk Jesu Christi war die Ver-
söhnung und Einung der Menschheit mit Gott durch
Gnade" (2 S 7,11).

Johannes spricht keine „berechnende, sondern
eine liebende Sprache"*, sie eroberte ihm die Herzen
der Menschen, die ihm geistlich anvertraut waren,
und sie ist geeignet, ihm auch unsere Liebe zu gewinnen (recht übersetzt! Der beste Einstieg wäre die
Erlernung der spanischen Sprache: zuviel verlangt
im sich einenden Europa? Die deutsche Johannes-
vom-Kreuz-Rezeption hat Schwächen, weil sie auf
fehlerhafte Übersetzungen angewiesen ist.)

Was, von der recht verstandenen Sprache abgesehen, den Zugang zu Johannes vom Kreuz erleichtert,
ist das Ernstnehmen seines Verständnisses vom mystischen Weg: schlichtes Leben in Glaube, Liebe und
Hoffnung. Keine „mystischen Phänomene", die Johannes kannte, aber als Randerscheinungen behan-
delte. Das einzige, was ihn vom „normalen" Christen
unserer Tage unterscheidet, ist die Rolle der Kontemplation für das Entstehen und die Formung von
Glaube, Hoffnung und Liebe. Dabei war sein Kon-
templationsverständnis weit: die Stunden stillen Be-
tens mußten übergehen in das Leben, weiterwirken
in ihm – ja, die entscheidende Erfahrung der absoluten Realität und Liebe Gottes waren auch ohne die
speziellen Übungen möglich – manchmal. Kontemplation in der Mitte des Daseins bedeutet für Johannes nichts anderes als Gott/Christus in der Mitte der
Existenz, bedeutet die ständige Verbindung des Su-

---

* Reinhold Stecher in: Herder-Korrespondenz 44 (1990), Heft 12.

chenden mit dem Gesuchten durch die „mystische" Leiter oder Treppe, die vom Menschen das „Aufmerken auf Gott" im offenen Schweigen der Liebe verlangt, damit Gott die Wahrheit seines Wesens und seiner Liebe kundtun kann. Eine „Ganzmitteilung", eine Erfahrung, die allem gesonderten Beten vorausliegt, die verwandelnd begnadet.* Ist das Esoterik? Nein, es ist die frohe Botschaft, wir haben sie nur fast vergessen. So sagt es uns das verbreitete theologische Wörterbuch für jedermann: Der Mensch soll an Gottes Natur teilhaftig werden, Miterbe mit dem Sohn, Berufener zum Leben Gottes von Angesicht zu Angesicht.** Grund zum Erschrecken? Schon, aber vor allem Grund zur Freude.

Und auch Grund, es mit dem Johannes vom Kreuz einmal zu versuchen. Dazu soll dieses Buch eine Hilfe sein, zumal es aus höchst lebendigem Anlaß entstand: Vortragswünsche verschiedener Kreise anläßlich des 400. Todesjahrs des Heiligen, das mit dem heutigen Tage beginnt.

Hamburg, den 14. Dezember 1990   *Erika Lorenz*

---

* Vgl. *Karl Rahner,* Vom Mut und der Gnade, sich auf das Ganze einzulassen, in: Geist und Leben 56 (1983), S. 12–14.
** *K. Rahner/H. Vorgrimler,* Kleines Theologisches Wörterbuch, Artikel „Gnade", Freiburg i. Br.: Herder, 16. Auflage 1988.

1. „Die Liebe ist niemals müßig"

Ein Leben zwischen Kontemplation und Aktion

Prägung der frühen Jahre

Johannes vom Kreuz war ein vielseitiger Mann. Dichter, Mystiker, Theologe; ein begabter Musiker und Künstler; ein Mensch, der trotz seiner körperlichen Kleinheit und Zartheit kräftig zupacken konnte. Zunächst einmal aber war er Dichter, denn als solcher wird man geboren. Zur Mystik ist man veranlagt, zum Theologen begabt, aber diese Dinge entwickeln sich langsamer als die Künstlernatur. Und obwohl er eine so harte und von praktischem Dienst geprägte Jugend hatte – er kam im nordkastilischen Medina del Campo ins Waisenhaus, er war Krankenpfleger, Almosensammler, Meßdiener –, zeigte sich doch schon früh die Freude am Lyrischen. Der Knabe war so interessiert an Dichtung und humanistischer Bildung, daß man für ihn ein Stipendium in der Jesuitenschule erlangte. Als es dann allerdings an die Frage der beruflichen Zukunft ging, floh er des Nachts ins Kloster, wurde über Nacht Karmelit: und feierte dieses Ereignis mit einem Gedicht!

Es gibt dieses Gedicht nicht mehr, wohl aber viele Liebesgedichte, in denen er später seine mystische Erfahrung auszusprechen versuchte. Er erkannte das als die einzige Möglichkeit, etwas von ihr ahnen zu lassen. Auf den ersten Blick, auf das erste Hören klingen sie wie weltliche Lyrik, so etwa diese Strophe:

Wir wollen uns beglücken,
Geliebter, laß uns gehen
und Berg und Hügelrücken
in deiner Schönheit sehen,
wo Quellen klar entspringen;
und laß uns tiefer in das Dickicht dringen!
(C 36)

Nur das Wort „deiner", „in deiner Schönheit sehen"
statt „in ihrer Schönheit sehen" macht stutzen. Mit
welchem Geliebten wird denn hier gesprochen? Der
Kontext zeigt es: mit Christus, mit Gott. Vorbild ist
das Hohelied der Bibel. Die „Seele" in ihrer liebebe-
drängten Gottsuche. Aber dieses Suchen und Wandern des mystischen Weges ist – Johannes vom
Kreuz sagt es oft und auch im Kommentar zu dieser
Strophe – ein Kreuzweg, eben eine „Nachfolge Christi". Begonnen wird er aber nicht, weil man sich ka-
steien und leiden will, sondern ganz schlicht aus
Liebe. Ohne sie würde gar nichts beginnen.

Die Familie des Johannes stammte aus Toledo, er
selbst wurde in Fontiveros geboren, einem kleinen
Ort mit großen Kirchen und Klöstern nördlich von
Ávila. Die geistige Begabung des Kindes war nicht
unbedingt vorauszusehen. Der adelige Vater betä-
tigte sich im Tuchhandel, heiratete eine arme Webe-
rin und wurde prompt enterbt, denn eine Liebesheirat
erschien damals in seinen Kreisen als Disziplinlosig-
keit. Es war ein süßes Lied von Liebe und Tod, denn
die Entbehrungen der Armut wirkten schwächend,
der Vater starb 1542 bald nach der Geburt des Juan de
Yepes y Álvarez, wie Johannes bei seiner Taufe hieß.
Ein älterer Bruder war leicht schwachsinnig, wurde
aber ein tüchtiger Weber. Juan-Johannes liebte ihn so,
daß er ihn im Laufe seines wechselvollen Lebens öfter
als Begleiter und Gehilfen zu sich holte.

Die verwitwete Mutter zog mehrfach um, bis sie sich in Medina del Campo niederließ, damals eine blühende Stadt mit großen Palästen. Die spanische Königin Isabel die Katholische wurde hier geboren. Sie war es, die Kolumbus auf seine Entdeckungsreise sandte. Und sie starb auch in Medina, nachdem sie dort ein berühmtes, geschichtsträchtiges Testament verfaßt hatte.

Aber wie wichtig die lebendige Stadt auch war, der Witwe Yepes nützte es nichts, sie blieb arm. Und sie sah die Begabung ihres Sohnes Juan, der sie nicht gerecht werden konnte. So gab sie ihn ins Waisenhaus, wo er lesen und schreiben lernen konnte; er war gerade neun Jahre alt.

Juan mußte nun fern allen kindlichen Spielen das tätige Leben eines Erwachsenen führen, und er machte seine Sache gut. Aber schon früh – am Krankenbett im Hospital, in den einsamen Nächten im Patio, die er für Schularbeiten nutzte – zeigte sich seine Neigung zum Gebet und zu einer Stille, in der etwas von Gottes Gegenwart fühlbar zu werden schien.

Darum wurde er nicht, wie man es von ihm erhofft hatte, Krankenhausgeistlicher, sondern Mitglied eines kontemplativen Ordens. Allerdings war dieser Orden weit von seinen eremitischen Anfängen im Karmelgebirge Palästinas abgewichen. Als die Karmeliten, die ihre legendären Ursprünge auf den alttestamentarischen Propheten Elija zurückführten, in die Städte Europas vertrieben wurden, mußten sie viel von der dem kontemplativen Leben dienenden Strenge aufgeben.

Johannes, der den Klosternamen Juan de Santo Matía angenommen hatte, sah sich bald enttäuscht. Dieses Leben unterschied sich nicht sehr von dem im Hospital. Doch galt es zunächst, Priester zu werden, man sandte ihn zum Studium an die Universität von Salamanca, damals eine der führenden Universitäten Europas mit einem recht modernen und bunten Lehrplan, in den schon die Lehre des Kopernikus einbezogen war. Johannes spricht in seinem letzten Werk, der „Lebendigen Flamme der Liebe", von der Bewegung der Erde, was eine Generation vor Galilei neu und kühn, aber nicht unmöglich war. Er war gern in Salamanca, waren doch Dichtung und Theologie seine Hauptinteressen, auch liebte er die lateinische Sprache.

Seine Kommilitonen schätzten ihn, seine Professoren gaben ihm einen Tutorenposten – aber man wunderte sich auch über sein langes Verweilen im wortlosen Gebet, über seine kontemplative Neigung, die selbst für einen Mönch ungewöhnlich stark in Erscheinung trat. Wenn man sein späteres mystisches Werk betrachtet, so ist anzunehmen, daß er die beglückenden Erfahrungen des Anfängers machte, die, um es in seiner Sprache zu sagen, tief in die Gottheit hineinzogen.

Die heilige Teresa von Ávila spricht in ihrem Hauptwerk, den „Wohnungen der inneren Burg", vom Lockruf oder lieblichen Flöten des Hirten, durch die Gott die Seele an sich zieht, was zugleich heißt: nach innen. Denn, trotz aller Spuren Gottes in seiner Schöpfung – ihn selbst, den in seiner Transzendenz so Erhabenen, konnte man im Menschenherzen als „Freund", als „Bräutigam" finden, wenn man die Liebe dieses Herzens Jesus Christus zuwandte.

Als Johannes 1567 die Priesterweihe empfangen hatte und nach Medina zurückgekehrt war, ging er mit dem Gedanken um, zu den kontemplativeren Kartäusern überzuwechseln. Auch sein Prior hatte ähnliche Ideen, und es wäre ordensrechtlich einfach gewesen. Aber es kam ganz anders, denn Teresa von Ávila war nach Medina gekommen. Sie hatte gerade mit den Klostergründungen im Sinne ihrer karmelitischen Ordensreform begonnen und suchte für ihr Lebenswerk einen Helfer, insbesondere für die Gründung von Mönchsklöstern, zu der sie der Karmelitengeneral Rossi bevollmächtigt hatte. Sie hörte vom jungen Priester Johannes und arrangierte ein Gespräch mit ihm.

Es war ihrer starken und charmanten Persönlichkeit nicht schwer, diesen suchenden Mönch für ihre Pläne zu gewinnen. So sagte er ja, vollendete in Salamanca sein Studium und ging mit Teresa auf Gründungsreisen in Kastilien.

Eine ähnliche innere Ausrichtung beider war bei aller Wesensverschiedenheit unübersehbar, wenn auch Teresa, damals doppelt so alt wie er, ihm zunächst als Lehrmeisterin gegenübertrat. Allerdings meinte sie, sie könne vielleicht mehr von ihm lernen als er von ihr – aber zunächst ging es doch um die praktischen Dinge der Reform. Wie ein Kloster zu organisieren, wie die Schwestern und Novizinnen zu behandeln waren. Die geistigen Grundlagen schienen klar: da gab es die alten Ordensregeln und das „Buch der ersten Mönche", das vom kontemplativen Leben des Elija ausging, der Gott nicht im Sturm und nicht im Feuer, aber im leisen Säuseln der Luft, d. h. in der Zartheit und Stille, gefunden hatte. Und Teresa wie Johannes gründeten ihre Erfahrung auf die

Aussagen des Neuen Testaments, auf Paulus und den Evangelisten Johannes. Juan erklärte später:

„Der heilige Paulus sagte: ‚Vivo autem, iam non ego; vivit vero in me Christus' (Gal 2, 20), was heißt: ‚Ich lebe, aber nicht mehr ich, sondern Christus lebt in mir'. Mit seinem ‚ich lebe, aber nicht mehr ich' wollte er zu verstehen geben, daß sein Leben, auch wenn er noch lebte, nicht mehr ihm gehörte. (…) Denn sein Leben und das Leben Christi waren eines durch die Einheit des Liebens. (…) Allerdings nicht ganz und vollkommen in diesem Leben, selbst wenn die Seele zu jener Verwandlung in Liebe gelangt, die der geistlichen Ehe (d. h. der ‚Unio mystica')* eigen ist. Sie ist das Höchste, was man in diesem Leben erreichen kann, doch spricht man besser nur von einem Entwurf der Liebe im Vergleich zur Vollkommenheit der Verwandlungsgestalt in der ewigen Herrlichkeit" (C 12, 8).

Johannes weiß sehr wohl, daß diese Anschauungsweise auf dem Glauben beruht, weshalb er einleitend erklärt:

„Der Entwurf der Liebe und der Entwurf des Glaubens müssen einander in der Seele des Liebenden überlagern. Das geschieht im Willen, in dem sich das Antlitz des Geliebten abzeichnet. Und das Portrait ist dem Willen so eingeprägt und ist so lebendig, wie das Lieben geeint wird. Was also wahrhaftig bedeutet, daß der Geliebte im Liebenden lebt und der Liebende im Geliebten" (C 12, 7).

Es ist schon für den inneren Weg des Johannes wie auch für alle seine Schriften festzuhalten: Am Anfang steht die Liebe. Nur auf ihrer Basis wird die erstrebte Nachfolge Christi erwünscht und möglich.

---

* Klammerbemerkungen hier und und im weiteren von der Verfasserin.

Das Urbild dieser Liebe aber sieht Juan de la Cruz in der Heiligen Dreifaltigkeit. Diesmal zitiert er aus dem Johannesevangelium, das er erläutert:

„Man darf sich nicht wundern, daß Gott die Seelen mit so hohen und ungewöhnlichen Gnaden beschenkt, denn wenn wir bedenken, daß er Gott ist und diese Gnaden als Gott mit unendlicher Gutheit und Liebe gibt, so scheint uns das nicht außerhalb unseres Verstehens zu liegen. Sagte er doch, zu dem, der ihn liebe, werde der Vater, der Sohn und der Heilige Geist kommen und in ihm wohnen (Joh 14,23)" (L Pról 2).

Diese Einwohnung wird als Liebe erfahren, die ein Geben und Nehmen ist. Also nicht einfach nur das „Wohnen" Gottes in den Geschöpfen als belebendes Sein, an das Juan auch gern denkt, zumal, wenn es sich um Menschen handelt:

„Gott wohnt in jeder Seele und ist in ihr wesenhaft anwesend, und sei es auch die des größten Sünders der Welt!" (2 S 5,3)

Der Gottliebende aber, der Kontemplative und Mystiker also, muß diese Einwohnung in sich „entdecken", muß auf den unerreichbar transzendenten Gott zugehen, der dennoch nach seinem eigenen Ratschluß im Herzen zu finden ist. Dabei heißt aber „im Herzen" nicht einfach im Innern, in der Innerlichkeit. Das wird heute meist übersehen. Johannes sagt in einer ganz entscheidenden Passage seines letzten Werkes, der „Lebendigen Flamme der Liebe":

„Das Zentrum der Seele ist Gott, ihr letztes und tiefstes Zentrum, wenn sie ihn aus allen ihren Kräften erkennt, ihn liebt und sich in ihm freut!" (L 1,12)

Genau genommen ist also Gott nicht *im* Zentrum der Seele, sondern er *ist* das Zentrum der Seele. Das bedingt eine Lebenshaltung und Lebenserfahrung, die weder mit Introversion noch mit Lebensflucht gleichgesetzt werden kann. Sie ist theozentrisch, nicht egozentrisch.

Aber natürlich kann der Mystiker, kann der Kontemplation Übende nicht gleich mit den hohen Erfahrungen trinitarischer Gottesliebe beginnen. Juan hat ja auch sein Werk erst recht spät geschrieben, die Erstfassungen der Gedichtkommentare zwischen seinem 40. und 44. Lebensjahr, die ersten uns überlieferten Gedichte vier Jahre zuvor. Unter diesen Gedichten finden sich auch Romanzen, das heißt volkstümlich erzählende Verse, die die Vorgeschichte des Geschehens zwischen dem Bräutigam Christus und seiner Braut, der Seele, berichten.

Zuerst schildert Johannes das Leben der Heiligen Dreifaltigkeit, in dem das „Wort", Anfang der Schöpfung und Gottessohn, ewig und ursprunglos enthalten ist. Dann wird es historischer, und eine weitere Romanze erzählt:

Der Vater sagt zum Sohn, er wolle ihm – eine Parallele zu Adam – eine Ehefrau geben. Sie soll „durch den Wert des Sohnes", ihres Bräutigams, die Gesellschaft der göttlichen Dreifaltigkeit verdienen. Der Sohn stimmt erfreut und dankbar zu. Der Vater erschafft die Welt als „Palast" für die Braut, die Menschheit. Nur leider erliegt die Menschheit den Verführungen des Palastes. Johannes freilich spricht nur von der Härte des mosaischen Gesetzes. Ihr Bräutigam will sie daraus erlösen. Dafür muß er nach seiner Menschwerdung ihre Mühen und Leiden auf sich nehmen und für sie sterben. Der schmerzlichen Gottsuche der Seele, der „Braut", geht also die Sehnsucht und Suche des „Bräutigams" Christus voraus. Von nun an wird Mystik möglich, Modell ist die Dreifaltigkeit, in der „die Liebe ihr Maß aus der Innigkeit der Einung bezieht". Das sind die Grundgedanken, die Johannes vom Kreuz – da-

mals noch Juan de Santo Matía – zum kontemplativen Weg veranlassen. Ziel ist die Unio mystica. Sie
ist möglich, weil Gottes Menschwerdung eine Tat
bräutlicher Liebe war.

Doch sind die Gedichte dem Leben weit vorausge-
eilt. Wo hatte Johannes sie geschrieben? Im Gefängnis! Wie kam er da hinein? Das ist eine lange
Geschichte, die hier kurz erzählt werden soll.

Nach den Monaten des Reisens und Lernens
gründet Johannes das erste Mönchskloster der Reform in Duruelo, einem winzigen Gebirgsdorf der
Provinz Ávila. Er legt seinen bisherigen Klosternamen ab und nennt sich von nun an Juan de la Cruz,
Johannes vom Kreuz. Es sieht so aus, als habe er in
diesem einsamen kleinen Kloster schon sein Ideal
eines stillen, kontemplativen Lebens erreicht. Aber
die Freude ist kurz. Er muß viel unterwegs sein, um
in den umliegenden Ortschaften zu predigen. Er bemüht sich, noch genügend Zeit für das Gebet zu retten, denn er meint, „daß diejenigen, die sehr aktiv
sind und die Welt mit ihren Predigten und äußeren
Werken überziehen wollen, doch bedenken mögen,
daß sie der Kirche mehr nützen und dem Herrn besser gefallen, wenn sie mindestens die Hälfte dieser
Zeit mit Gott im Gebet vereint wären" (C 29,3).

Auch wollten bald mehrere Novizen in das neue
Kloster kommen. Hierfür war es zu eng, Johannes
mußte mit allen in den Nachbarort Mancera de
Abajo umziehen, wo es nicht so idyllisch war – be-
trüblich für Juan, der die unberührte Natur liebte.
Aber das war bald sowieso nicht mehr wichtig, denn
er mußte als provisorischer Novizenmeister in das
ebenfalls neue große Kloster nach Pastrana wandern,
das von der Prinzessin Eboli und ihrem Mann gestif-
tet war. Kaum hatte er diese Aufgabe zur Zufrieden-
heit erfüllt, da kam etwas gänzlich Unerwartetes und

21

Unerwünschtes auf ihn zu: Teresa von Ávila hatte in
der modernen Universitätsstadt Alcalá de Henares,
nah bei Madrid und nicht fern von Pastrana, die
Gründung eines Studienkollegs durchgesetzt, und
Johannes sollte es als Rektor leiten. Cervantes, der
spätere Autor des Don Quijote, war hier geboren,
kämpfte aber 1571, als Johannes in die Stadt kam, im
Mittelmeerraum gegen die Türken. Die Universität
war bekannt als quirlig und vergnügungssüchtig, geprägt durch das lockere Studentenleben. Juan kam,
ohne zu murren, er sagte zu sich selbst:

„Unterlaß nie ein Werk, weil es dir nicht gefällt
und du keine Lust hast, wenn es der Dienst für Gott
verlangt, daß es getan werde. Und tu auch keines nur
um der Lust und des Vergnügens willen, die du dabei empfindest, sondern tue es in gleicher Weise wie
die ungeliebten Werke, denn anders kannst du kein
Durchhaltevermögen gewinnen und deine Schwachheit nicht besiegen" (Cautelas 16).

Juan gewann also Durchhaltevermögen, und er
brauchte es auch für die kurzen Gebetszeiten, die
ihm bei der Verwaltung und dem Lehrbetrieb eines
studentisch-karmelitischen Internats geblieben waren. Denn sein Gebet wurde „trocken", wie man in
der Sprache der Mystik sagte, es brachte ihm kein
Gefühl eines sinnvollen Tuns oder gar der Nähe
Gottes. Er dachte an das Leben Jesu Christi und verstand den Segen der Trockenheit. Aber bei allem guten Willen blieb doch immer das Gefühl, am falschen
Platz zu sein.

So war er nach einem Jahr froh, als ihn ein neuer
Ruf der Mutter Teresa erreichte. Sie brauchte ihn als
Seelsorger in Ávila, wo sie auf Anordnung der Or-
densleitung ihrem alten, noch unreformierten
„Menschwerdungskloster" mit seinen etwa 150 zum
Teil renitenten Nonnen als Priorin vorstand.

22

Johannes kam gern, die geistliche Führung kontemplationsbemühter Menschen war seine Stärke. Bald sprachen sich seine Erfolge herum, auch aus der Stadt und ihrer Umgebung strömten Leute zu ihm, die seinen Rat und seine Führung suchten. Und nicht nur das: die Mutter Teresa entdeckte, daß er die Gabe besaß, psychische Verirrungen oder Krankheiten, wie sie damals in den Klöstern nicht selten waren, zu erkennen und zu heilen. In der Sprache der Zeit: er wurde ein vielbegehrter Teufelsaustreiber, immer unterwegs, eine Seele vor dem Feuer der Hölle oder dem Scheiterhaufen der Inquisition zu retten.

Ihm selbst aber tat die ständige Konfrontation mit dem Bösen nicht gut. Er meinte: „Ich glaube, es ist Versuchung, sich den Teufel in den Sinn zu rufen" (E 22).

Und auch das „Gegengift", die Zusammenarbeit mit der Priorin Teresa, stand bald nicht mehr zur Verfügung, denn schon nach zwei Jahren brach sie auf zu langen und weiten Gründungsreisen. Juan war menschlich in ihrem großen Kloster wieder recht allein. Man hatte ihm und seinem Helfer ein kleines Haus zum Wohnen angewiesen, scheinbar ein idealer Ort der Stille. Aber manch Widriges widerfuhr dort dem Johannes, was er der Rache der Teufel zuschrieb. Dennoch lebte er hier gern, bis ihn nach knapp fünf Jahren der Vergeltungsschlag der antireformerischen Karmeliten traf, für die er eine Art Symbolfigur geworden war. Als der die Reform schützende päpstliche Nuntius starb und durch unglückliche Mißverständnisse auch der anfangs freundlich gesinnte Ordensgeneral zum Gegner geworden war, schlugen sie zu.

Die lange Nacht von Toledo

Am 2. Dezember 1577 wird Juan mit Gewalt des Nachts aus seinem Häuschen entführt, mißhandelt und auf Schleichwegen nach Toledo gebracht, wo man ihn in einen finsteren Klosterkerker sperrt, ihn allwöchentlich auspeitscht und täglich demütigt. Es gelingt, seinen Aufenthaltsort geheimzuhalten, und vergeblich bittet die Mutter Teresa König Philipp II. um Hilfe. Zugleich scheint auch die Reform gescheitert, Juan ist verschollen und verloren.

Er war standhaft, hielt zu Teresa und dem neuen Ordensideal. Aber im Innern nagten bald Zweifel: War das Ganze eine Strafe Gottes? Hätte er, wie ihm seine grausamen „Mitbrüder" in Toledo sagten, sein altes Kloster in Medina nie verlassen dürfen? War die Reform nur die Verirrung einer ehrgeizigen Frau? Kurz, Juan fragte sich, ob er sein Schicksal dem des Jona im finsteren Bauche des Wals vergleichen müsse, weil auch er seinem Auftrag nicht treu gewesen war.

Da konnte nur eines helfen: das Gebet. Aber half es wirklich? In seinen Zweifeln war dem Johannes auch Gott ganz dunkel geworden, ganz fremd und unerreichbar. Ob nicht Christus am Kreuz ähnlich gefühlt hatte? Wenige Jahre später wird Juan von ihm schreiben:

„Gewiß war er im Augenblick des Todes ganz vernichtet in seiner Seele, ganz ohne Trost und Hilfe, denn der Vater ließ ihn menschlich gesehen in absoluter innerer Trockenheit. (...) Es war die größte gefühlsmäßige Verlassenheit seines Lebens. Doch gerade in ihr vollbrachte er sein größtes Werk ..." (2 S 7, 11).

Das Positive, das sich hier in der größten Verlassenheit andeutet, erfuhr auch Juan de la Cruz. Er war zu demütig und nüchtern, um zu meinen, daß ihn sein qualvolles Gefängnis zum Heiligen und Menschheitserlöser mache. Aber er erfuhr auch, daß die völlige Hilflosigkeit und Ausgeliefertheit verwandelnd wirken kann, weil Gott selbst gleichsam im Schutze der Dunkelheit an der Arbeit ist. Wie für Christus aus dem Kreuzestod die Auferstehung hervorging, so für Juan aus der Nacht das Licht.

Unerwartet, und darum klar als Gnade empfunden, endet in ihm die Trockenheit und macht einer wachsenden, ja, bald gewaltig flammenden Liebe Platz. Er ist sich seines Auftrags wieder sicher. Er weiß, daß Gott im Innern wirkt, wenn ihm dafür Raum gelassen wird. Johannes knüpft wieder an die Armutserfahrung seiner Kindheit, an die Verlassenheit im Waisenhause an, nun aber auf reiferer Ebene. Er findet die praktische Maxime für den mystischen Weg in dem Christuswort: „Keiner kann mein Jünger sein, wenn er nicht auf seinen ganzen Besitz verzichtet" (Lk 14,33).

Johannes versteht das vor allem geistig, erkennt er doch, daß Sinne und Vorstellungsvermögen vom Geiste gelenkt werden. Im Geiste also muß der Verzicht ansetzen, im Wissen um die Begrenztheit unseres nur auf sich selbst vertrauenden Denkens, Liebens und Wollens. So sieht Johannes vom Kreuz Christus als „den Weg, die Wahrheit und das Leben" (Joh 14,6), so will er seinen kontemplativen Weg gehen, der nicht nur der Weg der Gebetsstunden, sondern des ganzen Lebens in hingebendem Glauben und Vertrauen ist – immer auf der Basis der Liebe.

Seine so oft mißverstandenen und darum erschreckenden Erklärungen zu den notwendigen Verzichtsleistungen und ihren „dunklen Nächten" blicken gar nicht auf die Art oder Menge dessen, dem unsere Anhänglichkeit entzogen wird. Sie bedeuten eine im Grunde beglückende Wende der Blickrichtung. Wir blicken, wenn auch geblendet, auf Gott, und wir blicken, wenn sich die Augen ein wenig an sein Licht, an das Licht der Nacht, gewöhnt haben, mit ihm auf unsere Mitmenschen und die ganze Herrlichkeit seiner Schöpfung.

Das war die große Erfahrung des Johannes in neun Monaten unmenschlicher Lebensbedingungen. Diese innere Erfahrung, das nun auch praktische Wissen von Gott als wahrem Zentrum des wahren Menschseins, ließ in ihm seine Begabung als Dichter aufbrechen. Heute ist er Schutzpatron der spanischen Lyriker, ist in jeder Literaturgeschichte zu finden. Im Gefängnis zu Toledo strömten ihm Bilder und Verse zu, ein sinnenhafter Rausch von Licht und Farben, Ausdruck seiner mystischen Erfahrung. Es waren schon fast alle Strophen des „Geistlichen Gesanges", seines späteren Lieblingswerkes, das an die Tradition des Hohenliedes in kühn-persönlicher Weise anknüpft.

In diesem Werk wird Christus gesucht und gefunden, weil er gefunden werden möchte, weil er selbst der eigentlich Suchende und Liebende ist, gelenkt vom Heiligen Geiste, seinem Geiste. Und so kann denn Juan de la Cruz seine Protagonistin, die „Seele", beglückt die Erfüllung ihrer bräutlichen Wünsche ausmalen lassen:

> „Laß uns den Pfad ersteigen,
> wo im Verborg'nen stille Höhlen winken
> aus steiler Felsen Schweigen;
> dort laß uns niedersinken
> und des Granatweins süße Frische trinken."
> (C 37)

Der schöpferische Strom macht Johannes Mut. Er sieht sich in seinem Auftrag bestätigt, hat seinen Mitmenschen etwas zu sagen; er möchte für sie und die Kirche einen großen Schatz der Liebe sammeln. Das bedeutet: er muß sich aus dem Kerker befreien, denn seine körperlichen Kräfte schwinden, geschwächt durch die Kost von Wasser und Brot, durch die entzündeten Wunden, die die Auspeitschungen hinterlassen, durch die sommerliche Hitze und Stiche der Insekten, die vom Tajo-Fluß herauf durch den Lüftungsspalt seines Gefängnisses dringen. Johannes hat keine Märtyrergelüste, er will fliehen! Und besonnen und kühn bereitet er seine abenteuerliche Flucht vor.

Diese Flucht in der Nacht vom 16. zum 17. August 1578 war so verwegen, daß der junge Gefangenenwärter des Juan später zu Protokoll gab, sie könne nur als Wunder verstanden werden. Johannes hatte sich schon Tage zuvor unter einem Vorwand Schere, Nähgarn und Nadel verschafft. Er lotete in der Mittagspause der Mönche, in der sein neuer Wärter ihm manchmal gestattete, sich in der Umgebung des Kerkers Luft und Bewegung zu verschaffen, von einem Mirador, einem überdachten Balkon hoch über dem jäh abstürzenden steilen Tajo-Ufer, die Höhe aus. Dann, am entscheidenden Abend, zerschnitt er seine beiden Wolldecken, knotete und nähte sie in fliegender Eile zusammen, band seinen kleinen Leuchter an das obere Ende und verließ den Kerker, dessen Riegel er nach und nach heimlich gelockert hatte. Er schlich zum Mirador, zog das improvisierte Seil so unter einem Spalt des Brüstungsaufsatzes durch, daß der Leuchter ein Durchrutschen verhinderte, zog seinen Habit aus, warf ihn in die dunkle Tiefe und schwang sich über die Brüstung. Es gelang ihm tatsächlich, weder den Halt zu verlieren noch mitsamt dem Seil abzustürzen. Unten erwartete ihn eine durch Bauschutt verbreiterte Mauer, auf einer Seite ein ihm unbekannter Hof, auf der anderen Seite die schroffe Felswand über dem reißenden Fluß.

Als Johannes am unteren Ende des Seils hing, fehlten unter seinen Füßen noch etwa zwei Meter. Da ließ er los, ließ sich fallen, so wie er in der Kontemplation gelernt hatte, sich ohne Absicherung in Gott hineinfallen zu lassen – und alles ging gut! Noch ein Herumirren in der Nacht, dann schützende Aufnahme zuerst bei den teresianischen Nonnen der Stadt, dann in dem berühmten Hospital de Santa Cruz, gegenüber seinem Gefängnis, unmittelbar vor der Nase seiner Feinde. Aber er war als Weltgeistlicher verkleidet, arbeitete im Hospital als Krankenpfleger und Priester, kam hinaus nur in der verhängten Kutsche seines Beschützers.

Die sinnvolle Arbeit im Hospital freute ihn, aber auf die Dauer mußte er doch zurück in seinen Reformorden, mußte seine Arbeit als Sachverständiger in Kontemplationsfragen fortsetzen. So sandten ihn seine kastilischen Mitbrüder nach Andalusien, als seine angeschlagene Gesundheit einigermaßen wiederhergestellt war. Er wäre lieber in Kastilien geblieben, doch die Zukunft der Reform war noch ungewiß, in Kastilien war er nicht sicher.

Leben für die Kontemplation

So überwand er seine Abneigung, die Menschen seiner Heimat zu verlassen und war bald froh und glücklich in einem andalusischen Kloster – El Calvario – bei Jaén. Es lag in einsamer Natur, deren wilde Schönheit noch die seines geliebten ersten Klosters in Duruelo übertraf. Hier in der Stille entstanden weitere Gedichte, auch das bekannteste, das die dunkle Nacht als ein geheimes Glück besingt. Vielleicht überlegte er schon seine beiden späteren Kommentare, denn die Mönche baten ihn oft um Erklärungen. Auch brachte er seine ersten Sprüche und Sentenzen zu Papier, die immer für Rat und Weisung Suchende bestimmt sind.

Vor allem wird ihm deutlicher als je zuvor, daß die Kontemplation, so wie er sie versteht, seine Lebensaufgabe ist. Aber sein Verständnis ist ein neues, es bedeutet einen „Qualitätssprung" in der Geschichte der Mystik, wie einer seiner besten Kenner (Federico Ruiz Salvador) sagte.

Dafür lassen sich, von Juans Genialität einmal abgesehen, zwei Gründe finden: Zum einen möchte er nicht Bekanntes wiederholen. Er spürt die kostbare Kürze seiner Lebenszeit. Also gesellt er der Überfülle an Gebets- und Kontemplationsanweisungen seiner Epoche, der ganzen rational geprägten Spiritualitätsliteratur, nichts weiter hinzu. Er setzt bei seinen Lesern diese Dinge voraus, zumal darüber hinaus in seinen Klöstern Abschriften der kostbaren Lehren der Mutter Teresa kursieren, die schon 1577 ihr letztes mystisches Werk, die „Wohnungen der inneren Burg", geschrieben hatte. Zum anderen ist seine Perspektive neu. Er fragt nicht, was der Mensch tun soll, sondern was er lassen muß, um für eine echte Gottesbegegnung offen zu sein. Es geht immer um das Tun Gottes im mitgehenden Menschen, um innere Verwandlung durch eine wechselseitige Dynamik der Liebe.

Wie Johannes über die meisten Kontemplationsbücher seiner Zeit denkt, sagt er klar: „Es erschreckt mich sehr, wenn ich sehe, was da in unserer Zeit vor sich geht und wie heute ein jeder mit seiner Dreigroschenkontemplation bei etwas Sammlung meint, in-

nere Ansprachen zu hören, die dann alle als von Gott
kommend getauft werden. Und in dieser Meinung
wird dann berichtet ‚Gott sagte mir' und ‚Gott antwortete mir', während sie es doch selber sind, die
diese Worte hervorbringen! (…) Sie denken, es sei
eine große Sache, (…) aber es kann doch kaum mehr
als nichts gewesen sein, oder nichts, oder weniger
als nichts. Denn wenn aus solcher Erfahrung nicht
Demut erwächst, und Liebe, Selbstlosigkeit, heilige
Einfachheit und Schweigen, was kann sie dann
schon sein?" (2 S 29, 4–5).

Und weiter kommt Juan auf sein Hauptanliegen
zu sprechen, den Glauben. Glaube tritt immer gemeinsam mit den anderen beiden theologischen Tugenden auf. Der innere Austausch mit Gott, in den
Gebetsstunden wie im Leben, muß die große Verwandlung des inneren Menschen, also nach damali-
gem Sprachgebrauch des Verstandes, des Willens
und des Gedächtnisses, bewirken. Sie werden gott-
entsprechend zu Glaube, Liebe und Hoffnung. Dabei kommt dem Glauben die erkennbarste Aufgabe
zu:

„Und wenn ihr mir sagt: Warum sollen wir unseren Verstand beschneiden, in dessen Wahrheiten
doch Gott aufleuchtet, wie also kann das schlecht
sein? So antworte ich: Der Heilige Geist erleuchtet
den Verstand in kontemplativer Versenkung, und er
erleuchtet ihn entsprechend der Versunkenheit. Der
Verstand aber kann keine größere Versenkung finden als die in den Glauben. Darum auch erleuchtet
ihn der Heilige Geist in nichts anderem als im Glauben, denn je besser und reiner die Seele glaubt, um
so mehr Liebe flößt Gott ihr ein. Und je mehr Liebe
sie hat, um so mehr Licht und Gaben des Heiligen
Geistes empfängt sie, denn die Liebe ist die Ursache
und der Träger dieser Mitteilung" (2 S 29, 6).

Was Juan will und anstrebt, ist nicht weniger als der „neue Mensch", der gottfähige Mensch nach dem Vorbild Christi. Und er will ihn nicht für seine persönliche innere Bereicherung, sondern für die Menschheit. Insofern wendet er sich an alle. Die Beschränkung seiner Lehre auf wenige, auf die karmelitischen Brüder und Schwestern in seinen Schriften, ist nicht esoterisch gemeint, sondern Resultat seiner nüchternen Einschätzung. Zugleich hält er jenen, die da meinten, daß er gewaltig übertreibe, entgegen:

„Ihnen möchte ich antworten, daß der Vater der Gestirne (Jak 1,17), dessen Hand nicht verkürzt ist (Jes 59,1), sich reichlich und ohne Ansehen der Person verströmt (Eph 6,9), wenn ihm dazu Gelegenheit gegeben wird. Er ist wie der Sonnenschein, der die Wege der Menschenkinder freundlich erleuchtet (Weish 6,17), der nicht zögert und es nicht geringschätzt, seine Freude in ihrer Gemeinschaft auf dem Erdenrund zu finden (Spr 8,31)" (L 1,15).

Nur ist es leider so, daß nur wenige sich bereitfinden, die Schwierigkeiten des kontemplativ-mystischen Wegs, der für Johannes der kürzeste ist, zu bestehen (vgl. L 2,27). Er betont oft, wie sehr es ihm um diese Kürze geht: man starb damals meist jünger, und vor allem möchte Juan nicht, daß man Gott, der unsere Liebe und Mitarbeit sucht, unnötig lange warten lasse. Dazu bedarf es in den Gebetsstunden, in der kontemplativen Übung also, die für den Mystiker etwa das ist, was für einen Pianisten die Etüden bedeuten, einer absoluten Hingabe, eines völligen Loslassens. Nur so kann das Stück des Lebens gespielt werden, wie es Gott gefällt: Nämlich in Glaube, Liebe und Hoffnung. Man muß sich um diese theologischen Tugenden bemühen, aber vollendet können sie nur werden mit Gottes Hilfe und Gnade.

So stellt Juan es dar in seinem ersten Werk, dem „Aufstieg zum Berge Karmel", den er im Calvario-Kloster zu entwerfen begann. Alles Bemühen, will er zeigen, ist ein notwendiges Vorspiel. Die Kontemplation beginnt erst, wo alles „Machen", alle Methode aufhört. Er verbindet das mit dem Ausgeliefertsein Christi am Kreuze. Eine Erfahrung des „Nichts", in dem das „Alles" Gottes dunkel enthalten ist.

Oder, anders ausgedrückt: Johannes setzt voraus, daß der kontemplative Mensch die Heilige Schrift oft gelesen und darüber meditiert hat, so wie auch er selbst es immer wieder tat. Die verinnerlichten Glaubensinhalte erzeugen Liebe. Die Meditation geht über in Kontemplation.

Im kontemplativen Gebet werden dann keine bestimmten Inhalte mehr erfahren, sondern das Wesen des Ganzen als liebegetragene Mitteilung oder Kenntnisgabe Gottes. Das ist die verwandelnde scheinbare „Nichterfahrung", die nichts Einzelnes mehr wahrnimmt, dafür aber von Gottes Liebe durchströmt wird. So sehr, daß die eigene Liebesfähigkeit etwas davon zurückbehält, im Wachsen zurückgibt. Weitergibt auch an die Mitmenschen, wie es am Leben des Johannes, das ein einziges praktisches Wirken im Dienste Gottes und der Mitmenschen war, sichtbar wird. Er spricht selten von Nächstenliebe, er setzt sie bei seiner Leserschaft voraus, zumindest ihre theoretische Kenntnis. Und er scheut keine Last und Mühe, wenn ein Mensch ihn braucht. Mit Recht darf er sagen: „Die Liebe ist niemals müßig!" (L 1,3)

Es ist wichtig zu verstehen, daß seine Empfehlung, Gott im Innern wirken zu lassen, keinen fruchtlosen Quietismus meint. Denn dadurch gewinnen die Seelenvermögen eine ganz andere Dynamik und Effektivität, natürlich nur mit der Zustimmung und daher Mitwirkung des Betroffenen. Johannes müht sich, das in immer neuen Vergleichen zu erklären:

„Die Seele verhält sich manchmal wie ein kleines Kind, das in den Armen seiner Mutter schreit und strampelt, weil es selber laufen will. (...) Sie sollte sich aber klarmachen, daß, wenn sie auch meint, nichts zu tun und daher nicht weiterzukommen, sie doch viel besser vorankommt, als wenn sie zu Fuß ginge. Denn Gott trägt sie auf seinen Armen. Daher fühlt sie die Schritte nicht, obwohl sie mit Gottes Schritten schreitet" (L 3,67).

Die tiefste kontemplative Ruhe erweist sich als höchste innere Aktivität von verwandelnder Kraft. Es ist verständlich, daß Johannes mit diesem Wissen um Kontemplation immer wieder Gelegenheit zu ihrer Verbesserung und Vertiefung suchte. Es war das beste, was er Gott, der Kirche und seinen Mitmenschen geben konnte.

Aber nach neun ruhigen und glücklichen Monaten im Kloster „El Calvario" erreicht ihn ein neuer Ruf. Man will in der nahen andalusischen Universitätsstadt Baeza ein Studienkolleg errichten, das er leiten soll. Er ist nicht eben begeistert, tut aber alles, was in seinen Kräften steht. Sucht und kauft ein gutgelegenes Haus, übernimmt alle Verantwortung von Verpflegung bis Vorlesung, hat bald mehr Studenten und Ratsuchende, als sich in einem Tageslauf bewältigen läßt. Zudem besucht er weiter andalusische Klöster, deren Seelsorge er übernommen hatte.

Nach knapp einem Jahr des Rektorats wird ganz Spanien von einer furchtbaren Grippewelle überzogen, dem „catarro universal". Sie wütet fast so verheerend wie die Pest. Die zwölf studentischen Mönche in Juans Kolleg erkranken alle. Und er, seit

seiner Jugend ein gelernter und liebevoller Krankenpfleger, pflegt alle wieder gesund. Er will niemanden
zu seiner Entlastung in fremde Hände geben. Als alles überstanden ist, erreicht ihn die Nachricht, daß
seine Mutter in Medina del Campo der Krankheit er-
lag.

Werke der Liebe

Juans Tüchtigkeit und Beliebtheit entgeht der Ordensleitung nicht. Er wird mit weiteren Verwal-
tungsaufgaben belastet und muß zu Beginn des
Jahres 1582 – dem Todesjahr der Mutter Teresa –
abermals den Ort wechseln. Man hat ihn zum Prior
des Klosters „Los Mártires" zu Granada gewählt.

Das Kloster liegt herrlich oberhalb von Granada
neben der Alhambra, die schneebedeckten Gipfel
der Sierra Nevada im Blick. Aber das Kloster ist zu
klein, der Orden expandiert explosionsartig. Juan
läßt anbauen, ausbauen, er holt seinen Bruder, um
mit ihm zur besseren Wasserversorgung selbst
einen Aquädukt zu errichten, er lebt auf einer Baustelle! Hinzu kommen viele Reisen der Gründungs-
und Verwaltungsnotwendigkeiten. 1585 ernennt
man ihn zum Provinzialvikar von Andalusien, kein
Sträuben hilft ihm. Er wandert und reitet nun
3000 km im Jahr! Und dennoch schreibt er während
der Pausen in Granada alle seine großen Werke. Er
vollendet die begonnenen Bücher des „Aufstiegs
zum Berge Karmel" und der „Dunklen Nacht" und
kommentiert als „Geistlichen Gesang" die Strophen
aus dem Kerker zu Toledo; dem folgt die „Lebendige
Flamme der Liebe".

Noch immer hat Johannes nicht das beschauliche
„Kartäuserleben" gefunden, das ihn bewegt hatte, in

den werdenden Orden der Teresa von Ávila als Mit-
gründer und Novizenmeister einzutreten. Bei allen
großen Ordensversammlungen, den „Kapiteln", bittet er, ihn doch einmal ganz schlicht als kontemplativen Mönch leben zu lassen. Vergebens. Ebenso will
ihn die Mehrheit nicht hören, wenn er sich gegen
neue Entwicklungen nach dem Tode der Mutter Teresa wendet, die im Widerspruch zu ihrer Reform
wieder die Mission in den Vordergrund stellen. Johannes erhebt dagegen seine Stimme, aber man legt
es ihm als Egoismus aus. Er macht sich Feinde.
Trotzdem wird er 1588 innerhalb der Ordensleitung
zum „ersten Definitor" gewählt. Das bedeutet, daß er
den Generalvikar Doria bei Abwesenheit vertreten
und nach Segovia, dem neuen Sitz dieser Regierung,
umsiedeln muß. Er tut es gern, wenn er auch gerade
begonnen hatte, Andalusien zu lieben.

Und wieder kommt er an eine Baustelle. Das vor-
handene Kloster ist feucht, es muß verlegt werden.
Johannes arbeitet Tag für Tag im Steinbruch. Er er-
baut das Kloster, in das sechs Jahre später sein Sar-
kophag überführt werden soll. Wenn es dunkel
wird, befaßt er sich mit dem immer notwendigen Pa-
pierkrieg. Er scheint zu großer innerer Harmonie gelangt zu sein, er lebt die Gottesbeziehung so, wie er
es im „Geistlichen Gesang" ausgedrückt hat:

„Die Unio mystica läßt die Liebe wirksam und au-
genblicklich überfließen, sei es innerlich in der Erfahrung des Liebens, sei es zu äußeren Werken im
Dienste des Geliebten" (C 36, 4).

Aber Juan behält doch seine Wertskala bei: das
Wichtigere ist die Liebe, ohne sie ist alles äußere
Werk nichts. Er betont:

„Ein wenig von dieser reinen Liebe ist vor Gott
und für die Seele wertvoller als alle äußeren Werke
zusammen" (C 29, 2). Und so lautet die Konsequenz:

„Mein Dienst ist nichts als Lieben", was er so erläutert: „Alle meine einstigen Tätigkeiten sind im Dienste der Gottesliebe aufgegangen. Das heißt, eine jegliche Fähigkeit meiner Seele oder meines Leibes, Gedächtnis, Verstand und Wille, die inneren und die äußeren Sinne, das sinnenhafte und geistige Begehren, alles das bewegt sich durch Liebe und in Liebe. Was auch immer ich tue, tue ich mit Liebe, und was auch immer ich erleide, erleide ich mit der Leidenschaft der Liebe. (...) Selbst die Übung des Gebets und der kontemplativen Gottesnähe, die früher als Betrachtung in anderer Weise verlief, alles dieses ist nun ganz und gar eine Übung der Liebe" (C 28, 8–9).

Dieser Text aus dem „Geistlichen Gesang" hat später die „kleine" Thérèse de Lisieux entscheidend beeindruckt. In diesen Worten fand sie die ganze Seele ihres geistlichen Meisters ausgedrückt, in ihnen erkannte sie die eigene Erfahrung wieder: „allein die Liebe"!*

Sehr wesentlich ist für Johannes vom Kreuz das Zusammenwirken von Glaube und Liebe in allem Tun: „Durch die Liebe werden die Werke, die wir im Glauben vollbringen, lebendig und erhalten großen Wert. Ohne Liebe jedoch sind sie wertlos, wie denn auch der Apostel Jakobus sagt: „Der Glaube ist tot ohne Werke der Liebe" (Jak 2, 17), wobei für Johannes der Ton ganz auf „Liebe" liegt (3 S 16, 1).

Das harmonische Wirken in Segovia findet ein jähes Ende durch die Feinde, die sich Johannes in früheren Jahren als visitierender Provinzialvikar mit seiner Unbedingtheit gemacht hatte, wenn es um die Nachfolge Christi ging. Er ist mit seinem hohen Amt dem Neid und den Blicken zu ausgesetzt. Eine ge-

---

* Vgl. *F. Ruiz,* Obras San Juan, 868.

zielte Verleumdungskampagne gegen ihn beginnt.
Sie findet in den inneren Spaltungen der Ordensge-
meinschaft, die viel Ähnlichkeit mit dem Parteienge-
zänk unserer Tage haben, willige Ohren. Im Juni
1591 enthebt ihn das Kapitel zu Madrid aller Ämter.
Doch kann er dessen nicht mehr froh werden: zu
häßlich sind die Verleumdungen seiner Feinde, während seine Freunde ihn zum Zankapfel für ihre Inter-
essen machen. Er ist in seiner Demut zwischen alle
Stühle geraten. Vor allem verübelt man ihm sein Eintreten für die um ihre Rechte kämpfenden Schwestern. „Weibergeschichten" machen die Gegner daraus!

Johannes sieht nur noch einen Ausweg: Er meldet
sich für die Mission nach México, wo dem Orden
Patres fehlen. Man sendet ihn nach Andalusien, wo
er sich auf seine Einschiffung vorbereiten soll. Er
sucht sich ein ruhiges Kloster, aber seine Ahnung,
daß die „anderen Ufer", die ihn erwarten, nicht die
Küsten Méxicos sind, soll sich bald erfüllen. Aus
einer Fußverletzung wird ein zu spät und zu schlecht
behandelter Wundbrand, damals eine höchst gefähr-
liche Krankheit, die zu totaler Blutvergiftung führt.
Man verlegt ihn in das Kloster von Úbeda, weil es in
dieser Stadt Ärzte gibt. Aber der Prior des Klosters
ist einer seiner beiden erbittertsten Feinde, der die
Behandlung hintertreibt. Viele Menschen kommen,
um Johannes, der schon im Ruf der Heiligkeit steht,
an seinem Sterbebett zu besuchen. In seiner Zelle ist
ein ständiges Kommen und Gehen: In der Nacht
vom 13. zum 14. Dezember findet er die Ruhe, die
ihm im Leben nicht beschieden war. Er ist 49 Jahre
alt.

Bis zuletzt überarbeitete er sein persönlichstes
Werk, die „Lebendige Flamme der Liebe", in dem
nichts Lehre und alles poetisch ausgedrückte Erfah-

rung ist. Er spürt eine innere Intensität, wie die des biblischen Gleichnisses vom Senfkorn, das zum Weltenbaum des Glaubens erwächst. Es ist wie ein Zentrum, „das mit höchster Kraft und Lebendigkeit ein Liebesfeuer auf die Umgebung ausstrahlt. Es wächst und verzweigt sich durchdringend und zart in alle geistigen und seinshaften Adern der Seele. Sie fühlt die Glut zunehmen, wachsen und in der Glut das Schmelzen der lauteren Liebe, so daß ein Feuermeer wogt, das alles mit Liebe erfüllt. Ja, das ganze Universum wird zum Meer der Liebe, und die Seele flutet darin ohne Anfang und Ende" (L 2, 10).

2. Erfahren und unterscheidungsfähig

Der geistliche Führer

Lehrjahre in Kastilien

Als Teresa de Jesús den jungen, gerade zum Priester geweihten Juan de Santo Matía mit Engelszungen überredete, nicht zu den Kartäusern zu gehen, sondern ihr bei ihrer „unbeschuhten" Reform, genauer: bei der Gründung von Klöstern für die männlichen Karmeliten, zu helfen, suchte sie einen klugen, verläßlichen Menschen, der bereit war, mit Schwierigkeiten und Härten zu leben. Johannes seinerseits mit seinen 25 Jahren suchte ein strengeres und kontemplativeres Leben, als er es im damaligen, mehr auf die missionarische Praxis gerichteten Karmelitenorden fand. Teresa wollte einen Menschen der Vita activa mit kontemplativem Verständnis, Johannes wollte eine Vita contemplativa mit einem vorübergehend aktiven Einstieg. Weshalb er, als er im Herbst 1567 in Medina del Campo sein Jawort zur Mitarbeit gab, eine Bedingung hinzufügte: es müsse bald geschehen!

Inzwischen hatte er selbst freilich noch mit einem Jahr in Salamanca seine theologischen Studien zu vollenden. Dann aber war er bereit und reisefertig. Die Mutter nahm ihn zunächst einmal in die Lehre und fuhr mit ihm zur Gründung eines Frauenklosters nach Valladolid, der großen, schönen Stadt, die zeitweilig auch dem königlichen Hof eine würdige Kulisse gab. Denn die heilige Teresa bevorzugte, wenn es irgend ging, bedeutende Orte, da sie für die Reform auf Wirksamkeit und Spenden bedacht war. Aus Valladolid schrieb sie an einen ihrer damaligen geistlichen Führer, Francisco de Salcedo, einen frommen Weltmann, der erst später Theologe und Priester wurde, einen Brief, der mit der sehr erfreuten Versicherung endet:

„Der Geist, den der Herr ihm gegeben hat, und die Befähigung, die er bei zahlreichen Gelegenheiten zeigte, freuen mich sehr und lassen mich denken, daß wir in rechter Weise beginnen" (Cta 13,8).

Ein guter Anfang ist mit Juan de Santo Matía gemacht, wenn auch kein ganz problemloser. Darum bittet die Mutter Teresa den Edelmann Salcedo, doch einmal mit Johannes zu sprechen, offenbar ist sie selbst bei ihm noch nicht mit allem ganz „durchgedrungen", wobei sie freilich nicht seine Fehler stören, sondern seine „Vollkommenheit":

„Reden Sie mit diesem Pater, ich bitte darum, und stehen Sie ihm bei diesem Unternehmen bei. Denn wenn er auch klein ist, erkenne ich ihn doch als groß in den Augen Gottes. Gewiß wird er uns hier sehr fehlen, denn er ist verständig und für unsere Lebensweise geeignet, weshalb ich glaube, daß er von unserem Herrn dazu berufen wurde. Es gibt keinen Bruder, der nicht gut von ihm spräche, denn er lebte immer in großer Strenge gegen sich selbst. Wenn er auch noch nicht lange hier ist, scheint mir doch, daß wirklich der Herr ihn leitet. Und wenn auch gelegentlich bei den Verhandlungen Spannungen aufkamen, lag die Schuld doch bei mir, weil ich mich gereizt gegen ihn zeigte. An ihm aber haben wir niemals eine Unvollkommenheit bemerkt" (Cta 13,2).

Die heilige Teresa fühlte sich oft durch die ruhige Unbedingtheit des Johannes herausgefordert, die nicht zu seiner Jugend passen wollte. Auch schien

ihr der Vorrang, den er der Kontemplation gab, allzu
absolut. Zur Pflege dieser Kontemplation waren freilich die Klöster der um siebenundzwanzig Jahre älte-
ren Teresa gedacht – sie selbst war dazu fähig unter
jeglichen Umständen und an allen Orten –, aber als
Gründungshelfer hätte sie sich doch einen Menschen gewünscht, der weniger hartnäckig an seinem
Ideal festhielt und sich dafür um so mehr von ihr leiten ließ.

So ging sie bei aller Anerkennung ein wenig auf
Distanz und berichtete mit leiser Ironie im dreizehn-
ten Kapitel des „Buches der Klosterstiftungen":

„Er war so gut, daß zumindest ich sehr viel mehr
von ihm lernen konnte, als er von mir. Dennoch tat
ich es nicht, sondern beschränkte mich darauf, ihm
darzulegen, wie mit den Schwestern zu verfahren
sei" (F 13,5).

Nun, da sollte sich noch manches ändern. Für Teresa bezüglich des Lernens, für Johannes bezüglich
seiner Illusion, er könne sich nach Gründung der ersten Mönchsklöster (Duruelo 1568, Pastrana 1569,
Mancera 1570), für die er den neuen Klosternamen
Juan de la Cruz angenommen hatte, nun wieder ins
Kontemplative zurückziehen. Nichts dergleichen,
dieser Kummer sollte ihn sein Leben lang verfolgen.
Denn schnell hatte sich gezeigt: er war nicht nur geeignet, neue Häuser zum Leben zu erwecken, er war
auch ein vorzüglicher geistlicher Führer!

Noch einmal möge es die heilige Teresa bezeugen,
die ihn Ende 1578 nach dem andalusischen Beas de
Segura gesandt hatte, um eines ihrer besten Nonnen-
klöster zu betreuen. Als man ihn dort, so klein und
unscheinbar, wie er war, nicht sofort mit der gebüh-
renden Begeisterung aufnahm, schrieb sie:

„Ich habe in Kastilien keinen gefunden, der ihm
gleichkäme, noch jemanden, der eine solche Begei-

sterung für den mystischen Weg zu wecken ver-
stünde. Sie können sich gar nicht vorstellen, wie einsam ich mich ohne ihn fühle. Sehen Sie doch, welch
einen großen Schatz Sie dort an diesem Heiligen haben; alle Schwestern sollten sich ihm anvertrauen.
Dann werden sie erfahren, wie sehr es sie fördert
und wie schnell sie vorankommen in der inneren
Vervollkommnung. Denn unser Herr hat ihn gerade
für solche Führung besonders begnadet" (Cta 261, 2).

Juans ganz besondere Begabung hatte sich schon
während des Studiums gezeigt, als er eine mit höchster Note ausgezeichnete Examensarbeit über wahre
und falsche Kontemplation verfaßt hatte. Leider ging
diese Arbeit, wie so viele Zeugnisse des heiligen Johannes vom Kreuz, verloren, aber seine späteren
Schriften nehmen den Faden wieder auf. Sein ganzes
großes, erst im letzten Lebensjahrzehnt geschriebe-
nes Werk ist nichts anderes als geistliche Führung
auf dem Gebiet der Kontemplation, was für Juan be-
deutete: Umwandlung des nur natürlichen Menschen in einen gotterfüllten Christen des Glaubens,
der Liebe und der Hoffnung.

Es ist auch diese Begabung, die ihm so viele Ämter
und Pflichten auferlegt. Schon bald nach seiner ersten Gründung wird er Novizenmeister, und man
ruft ihn nach Pastrana, wo sich durch den Einfluß
einer ebenso bekannten wie seltsamen Büßerin – Ca-
talina de Cardona – ein unguter Geist eingeschlichen
hat, eine Maßlosigkeit in Askese und Kasteiung, die
abstoßende Formen annimmt. Zugleich entsteht in
diesem Kloster das erste große Noviziat des refor-
mierten Ordens: Johannes kommt für einen Monat,
um dem Novizenmeister Anweisungen zu geben.
Dann muß er wieder reisen und manches tun und
leiten, was seiner tiefsten Natur nicht entspricht.
Aber er tut es gern für die Mutter Teresa.

Eine große Herzensfreude war es für ihn, als man ihn 1572 von seiner Stellung als Rektor des Studienkollegs in Alcalá de Henares – das erste der Reform – abberief und nach Ávila beorderte. Dort mußte nämlich die heilige Teresa auf Wunsch ihrer Vorgesetzten wieder in ihr altes, noch unreformiertes Kloster, den Convento de Santa María de la Encarnación, das „Menschwerdungskloster", einziehen, was allerlei Widerstände und Mißlichkeiten zur Folge hatte. Sie brauchte die Hilfe eines überaus guten Beichtvaters, und das konnte nur einer sein: Johannes vom Kreuz. Zuerst – wie es ihm noch öfter im Leben gehen sollte – wollten die Schwestern ihn nicht akzeptieren, nur die jüngsten, flexibelsten kamen. Aber es dauerte nicht lange, da füllte sich sein Sprechzimmer, und schließlich hatten ihn ausnahmslos alle zum Beichtvater und Seelenführer erwählt, einschließlich der Mutter Teresa.

Für Johannes beginnt nun eine ruhige Zeit, eine der glücklichsten Phasen seines Lebens. Schon wenige Monate nach seiner Ankunft findet sich die heilige Teresa, wie sie selbst angibt, des Eintritts in die ersehnte Unio mystica gewürdigt, und das nicht ohne Zutun des Johannes vom Kreuz, wenn sie sich auch wieder über ihn ärgern mußte! Er, der alle falschen Anhänglichkeiten und Verhaftungen als gottfremd bekämpfte, hatte bei ihr einen Rest von „Habsucht" erkannt, weil sie sich stets bemühte, bei der heiligen Kommunion eine möglichst große Hostie zu erhalten – „viel" Jesus Christus! Um ihr zu zeigen, daß erstens der Herr auch im kleinsten Teilchen ganz enthalten und zweitens dieser Wunsch nach Menge und Fülle nicht sehr geistlich war, teilte er eine Hostie und gab ihr nur die Hälfte. Es ist köstlich nachzulesen, wie ihr nun als Kompensation für diese Beschränkung Christus erschien und ihr die geistliche Vermählung anbot. Dennoch hatte sie ihre Lektion gelernt, denn statt eines Eheringes reichte ihr Christus einen Kreuzesnagel: Teilhabe an seinem Leiden (CC 25 a).

Die fünf ruhigen Jahre in Ávila werden nur von Reisen unterbrochen, vor allem der Mutter Gründerin. Dann aber, als sich der ersehnte stille Alltag eingestellt hat, kommt das Ende wie ein Paukenschlag: die Entführung des Johannes in das Ordensgefängnis von Toledo! Die Karmeliten seines ursprünglichen Ordens, die nicht reformwillig waren, hatten dazu ein Recht. In ihren Augen war Juan ein Rebell, und auf Rebellion stand, so sagten es die Ordensstatuten, Gefängnis. Ein Punkt, der übrigens auch von der Mutter Teresa in ihre neuen Konstitutionen übernommen wurde. Aber nun schrieb sie sich die Finger wund, um ihren jungen Mitarbeiter wieder herauszuholen: Vergeblich, doch befreite er sich nach knapp neun Monaten selbst in einem abenteuerlichen Abseil- und Kletterakt.

Meister in Andalusien

Aber die schönen Tage von Kastilien waren endgültig vorbei. Johannes mußte nach Andalusien, nicht sehr gern, denn die Sprache und Mentalität der Menschen dort lagen ihm nicht (ebensowenig wie der heiligen Teresa!). Aber: sein Ruf als geistlicher Führer übertönte alles Leid und alle Wünsche. So wie er schon der beste in Kastilien gewesen war, wurde er nun der erste in Andalusien: als Nachfolger des „Apostels von Andalusien", des berühmten heiligen Juan de Ávila, verstand man ihn. Vor seinem Sprechzimmer drängten sich die Menschen. Denn Johannes folgte dem demokratischen Zug seiner Zeit: Kontemplation, Gebet,

gelebte Gottesliebe waren für alle da, kein Ordenspri-
vileg. Wenn er auch bei den Ordensleuten strengere
Maßstäbe anlegte. Ob nun in Baeza (1579–81) oder in
Granada (1582–88) – Johannes hatte alle Hände voll
zu tun, um „jung und alt", seine unbeschuhten Kar-
melitinnen und Karmeliten, Professoren, Priester,
Weltleute, unter ihnen vor allem Frauen, geistlich zu
betreuen. Mit den Frauen verstand er sich immer besonders gut und wußte sich in diesem Punkte mit seinem Herrn Jesus Christus einig. Schrieb doch schon
die Mutter Teresa in ihrer ihm bekannten Autobiographie:

„Es sind nämlich viel häufiger die Frauen als die
Männer, denen der Herr besondere Gnaden schenkt.
Ich habe das selbst beobachtet und hörte es auch den
heiligen Petrus von Alcántara sagen, daß Frauen auf
diesem Weg weiter kommen als Männer. Und er gab
dafür ausgezeichnete Gründe an, die ich hier nicht
alle aufzählen kann, aber alle zugunsten der Frauen"
(V 40, 8).

So sind auch die wenigen von Juan de la Cruz er-
haltenen Briefe überwiegend an Frauen gerichtet,
sind seine beiden schönsten Werke, der „Geistliche
Gesang" („Cántico espiritual") und die „Lebendige
Flamme der Liebe" („Llama viva de amor") Frauen ge-
widmet – der schönen, klugen Priorin von Granada,
Ana de Jesús, und einer großherzigen Weltdame,
Ana de Peñalosa. Johannes fühlt sich bei ihnen besonders verstanden, erstens wegen ihrer gleichsam
natürlichen religiösen Neigung, zweitens wegen ihres feinen Gespürs für Künstlerisches, Lyrisches;
denn ein Lyriker war Johannes in seinem tiefsten
Herzen, auch wenn er das die große Teresa von
Ávila, die selbst schöne Gedichte schrieb, nicht mer-
ken ließ. Überhaupt begann sein eigentliches Schaffen, d. h. sein Gedichte auslegendes Prosawerk, erst

in ihrem letzten Lebensjahr im ach so fernen Andalusien, entfaltete sich dann voll nach ihrem Tode. Eine gewisse Scheu ist hier zu vermuten, aber auch die Anregung durch so viele sich ihm Anvertrauende und Führung Suchende in Baeza und Granada.

Der heutige Leser kann ruhig die damalige Bedeutung der „Seelenführung" mit der der Psychoanalyse in unserem Jahrhundert vergleichen. Beide wollen den Menschen von Fehlhaltungen befreien, beide ihm helfen, sein eigentliches Wesen so vollendet wie möglich zu entfalten. Nur daß dieses Wesen nach christlicher Auffassung in den weiteren Horizont des Zugehens auf Gott gestellt ist, in dem es sich erst findet, entfaltet und vollendet.

Nun ist es ein unerhört hoher Anspruch, Menschen in ganz persönlicher, ihrer Individualität entsprechenden Weise zu Gott zu führen – gewiß ist der Anspruch höher als der eines heutigen Psychoanalytikers oder Psychiaters. Johannes vom Kreuz ist das sehr bewußt. Er ist ein Mensch der Renaissance, dem das Individuelle, Persönliche einen unantastbaren Wert bedeutet. Darum muß auch das Verhältnis zu den geistlichen „Söhnen und Töchtern" ein einfühlsames und von Zuneigung getragenes sein. Er muß eingehen können auf die einmalig geprägte Erfahrung jedes Einzelnen.

Hinzu kommt, daß die Menschen damals wie heute ihre psychischen Störungen und Erkrankungen hatten, wobei die Sucht jener Zeit nach geistlicher Erfahrung oft als Ventil diente, so daß der unglückliche Betroffene bald als Heiliger, bald als vom Teufel besessen betrachtet wurde. Man zog in solchen Fällen gern Juan de la Cruz hinzu, weil er ein so sicheres Urteil hatte. Er soll ein großer „Teufelsaustreiber" gewesen sein, aber es ist auch eine Geschichte überliefert, die gewiß nicht einmalig war: Er wurde von Ávila in ein entferntes Kloster gerufen, um dort aus einer Nonne den Teufel zu verjagen. Nachdem er kurz mit ihr gesprochen hatte, setzte er sich hin und las ihr aus der Heiligen Schrift vor. Nach dem Grund solchen Tuns befragt, antwortete er: Sie hat nicht den Teufel, sie ist seelisch krank.

Juan hat sich in seinem letzten Werk, der „Lebendigen Flamme der Liebe", ausführlich und mit Nachdruck über das Amt des geistlichen Führens geäußert. Er fürchtet nichts so sehr, als daß ein geistlich Suchender, der in ein Stadium eingetreten ist, in dem er (im Grunde durch seinen Fortschritt) keinen Weg mehr sieht, also blind ist, von einem anderen Blinden geführt wird. Ein solches Gehen endet im Abgrund (vgl. L 3,29).

Der Ärger des Johannes über schlechte geistliche Führer, dem er in seinem berühmten Exkurs in der „Lebendigen Flamme" ausgiebig Luft macht, ist, so scheint es mir, auch auf das zurückzuführen, was die heilige Teresa in dieser Hinsicht in ihrem Leben erlitten hatte. Es tat seiner Liebe besonders weh zu wissen, wie man mit dieser gottbegnadeten Seele jahrelang verfahren war. Und da sie selbst sich in ihrem letzten und größten Werk, den „Wohnungen der inneren Burg" noch einmal darüber beklagt, greift auch Johannes das Thema mit unverhüllter Leidenschaft auf.

Er hebt hervor: Der geistliche Führer muß wissen, daß der eigentliche Blindenführer Gott selber ist, „der die Seele geleitet, wohin sie aus Eigenem nicht gelangen könnte" (L 3,29). Ebenso muß der Exerzitienleiter beherzigen, daß der geistliche Weg bei jedem Menschen ein anderer, seiner Individualität entsprechender sein wird, die Gott berücksichtigt. Johannes warnt den geistlichen Führer, indem er Vergleiche aus dem Handwerk verwendet:

„Wenn du dich auf nichts anderes als auf das Hobeln verstehst, das heißt, die Seele nur zu Weltentsagung und Überwindung der Begehrlichkeiten führen kannst, oder wenn du ganz Bildschnitzer bist und es vermagst, sie in heilige Meditationen einzuführen, mehr aber weißt du nicht, wie willst du dann die Seele zur Vollkommenheit eines edlen Gemäldes führen? Denn das erreicht man weder durch Hobeln noch durch Schnitzen, auch nicht durch Skizzen und Entwürfe. Dieses vollkommene Gemälde ist allein das Werk des in der Seele wirkenden Gottes.

Darum wird sie mit Sicherheit zurückfallen oder zumindest in ihrer Entwicklung stehenbleiben, wenn du sie immer nur das gleiche lehrst und sie an diese eine Weise bindest. Ich frage dich, was würde das denn für ein Bild, wenn in der Seele ständig gehämmert und gehobelt wird, was nichts anderes ist als ein Üben der natürlichen Seelenkräfte? Wie soll daraus ein Gemälde werden? Wann und wie gibt man endlich Gott Gelegenheit, es zu malen? Ist es denn möglich, daß du dich so auf sämtliche Künste verstehst, daß du darin so perfekt bist, daß diese Seele nichts weiter braucht als dich?

Und selbst gesetzt den Fall, daß du für eine bestimmte Seele ausreichst, weil es ihr vielleicht an Begabung zum Weiterkommen fehlt, so ist es doch ganz unmöglich, daß dein Können für alle reicht, die du nicht aus den Händen lassen willst. Denn eine jede wird von Gott auf verschiedenen Wegen geführt, du wirst kaum eine geistige Anlage finden, die Gott auch nur halbwegs in der gleichen Weise führt wie eine andere" (L 3, 58–59).

Johannes weiß genau, welche Vergleiche er hier verwendet, hatte er doch selbst in seiner harten, einsamen Jugend Hobeln, Schnitzen und Malen gelernt. Und er nennt nun die drei Grundeigenschaften eines guten geistlichen Führers:

„Er muß gelehrt und unterscheidungsfähig, darüber hinaus aber muß er vor allem erfahren sein. Denn wenn auch die Basis geistlicher Führung Wissen und Unterscheidungsvermögen ist, wird er doch ohne Erfahrung dessen, was reiner und wahrer Geist ist, die Seele nicht zu ihm hinführen können, wenn Gott sich ihr schenken will, ja, ohne Erfahrung wird er das nicht einmal bemerken" (L 3,30).

Juan selbst besaß diese Erfahrung im höchsten Maße, aber er sprach nicht gern davon, teils, weil er sich nicht als „Günstling" Gottes hinstellen wollte, teils, weil er wußte, daß in geistlichen und, wie er sagte, „übernatürlichen Dingen" die Verhaftungen viel schwerer zu meiden oder zu lösen sind als auf dem harmloseren Gebiet der Sinne – auch wenn sich beide Bereiche letztlich nicht trennen lassen. Während die heilige Teresa unbefangen ihre Erfahrungen niederschreibt, teils für die Beichtväter, teils für die Mitwelt, weil sie spürt, wie sie selbst davon „gebessert" wird, kann man die Erfahrungen des Juan nur indirekt aus seinen Schriften ableiten. Er drückt sich neutral aus, z. B. wenn er von den Trockenheiten und Versuchungen spricht, von den „Nächten" also, die jedem Grad der Gotteinung notwendig vorausgehen, weil sie läuternd wirken. Er schreibt dann etwa:

„Die Seelen aber, die zu einem so glückseligen und hohen Stande gelangen sollen, wie es die Liebeseinung ist, pflegen im allgemeinen eine lange Zeit der Trockenheiten und Versuchungen durchzumachen, so lehrt es die Erfahrung" (1 N 14,6).

Es braucht auch nicht immer an den dunklen Kerker von Toledo erinnert zu werden, um die Echtheit der „Nachterfahrung" des Johannes zu belegen. Ganz im Gegenteil können solche äußeren Widrigkeiten, ja Lebensbedrohungen dem geistlich Fortgeschrittenen durchaus als Licht erscheinen. Die „Nächte" sind innerseelische Wandlungsvorgänge, sind Erfahrungen des inneren Unvermögens und scheinbarer Gottverlassenheit, die Gott selbst zum Besten des Menschen wirkt. Nicht etwa, weil er ihn quälen will, sondern weil er ihm Besseres, nämlich sich selbst, nur geben kann, wenn er ihn hindert, allein den eigenen begrenzten Kräften zu vertrauen. Es ging Johannes bei seiner geistlichen Führung immer wieder darum, seinen Schützlingen den Punkt zu zeigen, an dem sie sich Gott überlassen müssen, denn das ist der eigentlich kritische Augenblick des inneren Wegs.

Objektiv gesehen, zeigt sich die Krise im Übergang von der Meditation (dem sich vertiefenden Nachsinnen über einen geistlichen Text oder ein Ereignis aus dem Leben Christi) zur Kontemplation (dem auch inneren Schweigen in Gottes Gegenwart, die alle Worte und Bilder übertrifft). Johannes gibt schon in seinen ersten Werken, dem „Aufstieg zum Berge Karmel" und der „Dunklen Nacht" Merkmale für den Übergang zwischen beiden Gebetsarten an.

Es sind drei, die man kurz etwa so wiedergeben kann: 1. Man empfindet einen wachsenden Widerwillen gegen die bisher immer gern geübte Meditation. 2. Man kann sich auch nicht an anderem freuen. 3. Man möchte Gott dienen, hat aber das Gefühl, es beim besten Willen nicht mehr zu tun. – Dieser Punkt ist der wichtigste, denn er bezeugt letztlich ein „liebendes Aufmerken auf Gott", das, wollte man dabei auf Eigenmächtigkeit verzichten, sich bald in „inneren Frieden, Ruhe und Gelassenheit" verwandeln würden. Leider aber kommen immer wieder

„die Akte und Übungen der Seelenkräfte Gedächtnis, Verstand und Wille" dazwischen.

Bei weniger Gegenwehr wären also die „Nächte" schneller vorüber. Darum weist Johannes seine Beichtkinder immer wieder zum inneren Loslassen an. Anders können sich Verstand, Wille und Gedächtnis nicht in Glaube, Liebe und Hoffnung verwandeln, weil diese theologischen Tugenden Gottesgaben sind. Man kann heute sagen, daß Juan seinen geistlichen Rat auf diesen Punkt konzentriert, wie es aus den rund 33 Briefen ersichtlich ist, die von ihm überliefert sind. Sie setzen ein mit dem Jahr 1581, also zehn Jahre vor seinem Tode und etwa ein Jahr vorm Heimgang der heiligen Teresa. An letztere ist uns leider kein einziger Brief von ihm überliefert, nur eine Klage aus Andalusien (Baeza), daß er „unsere Mutter" seit dem Gefängnis in Toledo nicht mehr sah. Eine große Liebe spricht aus diesen wenigen Zeilen.

Dafür haben wir aber genügend Briefe beratender Seelsorge, um uns von Juan de la Cruz als geistlichem Führer ein Bild machen zu können. Keiner beginnt ohne eine Versicherung des Gedenkens und der Liebe: „Meinen Sie, weil Sie mich so stumm sehen, ich hätte Sie aus den Augen verloren?" – „Wenn ich nicht schrieb, so lag das nicht am mangelnden guten Willen, denn ich wünsche Ihnen doch wahrhaftig das Beste, sondern weil mir scheint, daß genug gesprochen und geschrieben wurde, um das, worauf es ankommt, zu realisieren." – „Vor wenigen Tagen diktierte ich Pater Juan (Evangelista) einen Brief an Sie in Beantwortung Ihres letzten, der, wie zu erwarten, mit Dank aufgenommen wurde. Ich schrieb Ihnen, daß ich meines Wissens alle Ihre Briefe erhielt und daß ich um Ihre Bedrängnisse und Plagen und um Ihre schmerzliche Einsamkeit weiß.

Alles das erhebt in mir immer wieder lautlos seine Stimme, deutlicher und vollständiger, als die emsige Feder es darzulegen vermag."

Besonders vertraut scheint der Ton des zuletzt zitierten Briefes. Er ist an eine junge Dame in Granada gerichtet, Juana de Pedraza, die ihm innerlich nahstand. Sie hat später viel Wichtiges über ihn berichtet, unter anderem – und sein Sekretär Juan Evangelista sprach von der gleichen Erfahrung –, daß Johannes vom Kreuz manchmal schon einen Brief beantwortete, ehe er ihn erreichte. Seine durch Kontemplation aufs äußerste geschulte Sensibilität hatte ihm diese Fähigkeit des Vorherwissens oder der Telepathie verliehen. Er rät Juana, die ja in der Welt lebt, nicht zu extremem Verzicht und Losschälung in langen „Nächten", sondern nur zur Überwindung der Begehrlichkeit (apetito) und zum „schlichten und ebenen Weg des Willens Gottes und der Kirche", zum „Leben im dunklen und wahren Glauben, in sicherer Hoffnung und in ganzer Liebe" (E 19).

Ein Ordensmann dagegen, der unbefangen von seinem Wunsch nach baldiger Gotteinung berichtet, erhält einen liebevoll „geharnischten" Brief, der ebensogut im „Aufstieg zum Berge Karmel" stehen könnte und diesem Werk auch tatsächlich in vielen Editionen angefügt ist. Ursprünglich hätte er zum 17. Kapitel des 3. Buches gehören können, das die ersten, die „aktiven" Läuterungen des Willens behandelt, in denen der Kontemplative noch lernen muß, seine Wünsche zu vergessen. Juan schreibt:

„Ich freue mich, daß Gott Ihnen so heilsame Wünsche eingibt, und noch mehr werde ich mich freuen, wenn sie sich erfüllen. Dafür müssen Sie wissen, daß alle Vorlieben, Freuden und Beglückungen unserer Seele durch den Willen entstehen, durch sein

Hinstreben nach allem, was sich ihm als gut, passend und erfreulich darstellt, so daß er es für kostbar und lustvoll hält. Folglich richtet der Wille sein Begehren auf all dieses, er hofft, es zu erhalten, freut sich, wenn er es hat, und fürchtet alsdann, es zu verlieren. So ist also, entsprechend der Anziehungskraft dieser Dinge und dem mit ihnen verbundenen Lustgewinn, die Seele erregt und unruhig" (E 13).

Weisheit der Erfahrung

Johannes schreibt hier an einen Anfänger, an einen, der erst den „Aufstieg zum Berge Karmel" beginnen will. Die Dramatik, mit der er die Folgen der Wunschhaltung zeigt, soll aufrütteln. Ganz anders, wenn jemand ein Stück hinangestiegen ist und – schon vielem Vertrauten entrückt – erschrocken innehält. Das ist die Situation, deren sich der Heilige mit allergrößter Liebe annimmt. So etwa bei der Priorin von Caravaca, Ana de San Alberto, die er auch gut persönlich kennt: „... Ich sage Ihnen, seien Sie nicht so unklug, sich mit Ängsten zu tragen, die Ihr Herz mutlos machen. Geben Sie an Gott weiter, was er Ihnen schenkte und täglich schenkt." Einige Monate später, als die Priorin offensichtlich Fortschritte machte, es aber selbst – wie es die „Nächte" mit sich bringen – nicht weiß, macht Johannes ihr Mut:

„Was sind denn das für unangebrachte Tränen, die Sie da weinen? Und wieviel kostbare Zeit wollen Sie noch mit Ihren Skrupeln vergeuden? Wenn Sie mir mitteilen möchten, was Sie plagt, so stellen Sie sich vor den makellosen Spiegel des ewigen Vaters (Weish 7,26), seinen Sohn. In diesem Spiegel erblicke ich jeden Tag Ihre Seele, und sie würde getröstet sein über das, was ich da sehe, und würde

wissen, daß es keinerlei Anlaß gibt, an der Tür armer
Leute zu betteln" (E 4).

Zu den „armen Leuten", an deren Tür Ana de San
Alberto nicht betteln soll, zählt sich der Heilige
selbst, denn er muß sich zurücknehmen, sobald er
sieht, daß sein Schützling in die entscheidende Phase
eingetreten ist. Daß er seiner Rede ein Bibelzitat ein-
flicht, ist nicht nur charakteristisch für alle seine
Werke, sondern auch für seine Auffassung von der
„Weisheit", die ein Seelenführer besitzen muß. Diese
Weisheit und dieses Wissen gleichen den Sprüchen
Salomos, die immer wieder zeigen, daß alles innere
Wachstum von Gott geschenkt wird, sofern man
sich ihm ganz anvertraut. Und in Jesus Christus bestätigt sich dieses Wissen, das weise ist: „Man muß
wissen, daß, wenn die Seele Gott sucht, sie noch viel
mehr von ihrem Geliebten gesucht wird" (L 3, 28).
Die Unterstützung durch die Heilige Schrift muß, so
betont Juan im Vorwort zur „Subida", zur Erfahrung
hinzukommen, anders bestünde Gefahr, sich im
Subjektiven zu verlieren.

Das so oft und wie selbstvertändlich benutzte
Wort „Erfahrung" ist bei Juan nicht einfach zu defi-
nieren. Zunächst meint er damit Gebetserfahrung,
die eine beglückende und eine „trockene", scheinbar
unbegnadete und von Selbstzweifeln begleitete Seite
hat. Im Extrem geht sie bis zum Gefühl der Gottverlassenheit, die beim Betroffenen Selbstbeschuldi-
gung auslösen kann und daher nicht als Christus-
nachfolge erlebt wird, es jedoch mehr als alles
andere ist. Hier kommen alle Strukturen der
„Nächte" zum Zuge, die, dem „Strahl der Finsternis"
des Areopagiten folgend, unerkanntes, blendendes
Licht sind.

Es war das Lebensanliegen des Johannes, diese
Zusammenhänge zu klären, um den ihm Anvertrau-

ten den Weg zu verkürzen und zu erleichtern. Er ist sich dabei bewußt, daß keine Erklärung ganz an das göttliche Geheimnis heranreicht, darum ist jeder Kommentar nur ein relativer und vorläufiger. In seinen Gedichten aber versucht er der Erfahrung einen durch Bild, Symbol, Klang und Rhythmus unterstützten unmittelbaren Ausdruck zu geben. Die Nächte der Gedichte sind voller Seligkeit. In diesem Überborden, Überschäumen der Liebe zwischen Gott und seinem Geschöpf kommt es auch zu jenen Erscheinungen, die als „mystische Phänomene" bezeichnet werden. Die Zeit des Johannes vom Kreuz war reich an solchen „übernatürlichen" Erfahrungen, die ebenfalls der Mode unterworfen zu sein scheinen. Johannes erlebte Ekstasen, Visionen, Levitationen, wie Augenzeugen berichten. Er selbst, theoretisch allen Visionen als Gefahr von Täuschungen abhold, sprach zu Menschen, die ihm sehr nah standen, doch gelegentlich davon, wenn ihn etwa eine Christusvision tief beeindruckte. Wer aber von ihm mehr über solche Dinge erfahren wollte, wurde auf Teresas Schriften verwiesen (C 13,7).

Schrecklich sind ihm jene, die sich mit solchen Erfahrungen brüsten, die sich bewundern und als heilig verehren lassen. Hier findet seine sichere Gabe der Unterscheidung ihren schärfsten Ausdruck. So in dem Gutachten über eine Karmelitin, das er 1589 in Segovia schreibt. Zunächst rügt er ihre Sprache: so affektiert spricht niemand, der den Heiligen Geist empfängt. Sodann ihre geistliche „Habsucht" und übertriebene Selbstsicherheit. Und schließlich kommt er ausführlich auf den entscheidenden Punkt zu sprechen, die Demut:

„Viertens und vor allem aber werden in ihrem Innenleben keine Anzeichen von Demut sichtbar. Wäre ihre Behauptung von der Echtheit ihrer Begnadungen richtig, so würden sich diese normalerweise der Seele nicht mitteilen, ohne sie zunächst ganz aufgelöst und vernichtet in den Niederungen der Demut zurückzulassen. Wenn sie solche Wirkungen verspürte, hätte sie es nicht unterlassen, in ihrem Bericht auch davon zu schreiben. Denn sie sind so durchschlagend, daß die Seele sich als erstes gedrängt fühlt, dankbar davon zu berichten. Sie lassen sich einfach nicht verheimlichen. Zwar sind nicht alle Gotteserfahrungen von so starker Wirkung, aber diese, von denen die Schwester spricht und die sie Unio mystica nennt, kommen niemals ohne dieses Merkmal vor" (Censura y parecer).

Den von ihm geleiteten Beichtkindern pflegt es an Demut im allgemeinen nicht zu fehlen. Wohl aber neigen sie, die Briefe zeigen es, zu Skrupeln. Was sind Skrupel? Das Wort kommt vom lateinischen scrupulus, spitzes Steinchen. Ein winziges spitzes Steinchen, an dem man Anstoß nimmt. „ Eine Genauigkeit", schreibt das deutsche etymologische Wörterbuch, „die so ängstlich ist wie der Gang über spitze Steine." Als „scrupulum" bedeutet es den kleinsten Teil eines Gewichts. Sozusagen ein Gramm Sünde auf der Waagschale der Gewissenserforschung. Etwas, das überhaupt nicht wiegt. Und das doch von dem, der unter „Skrupeln" leidet, als so unangenehm, so schmerzhaft empfunden wird wie der Gang über spitze Steine.

Aber die Empfindlichkeit – eine Art „Sündenallergie" – ist von anderen nicht leicht nachzuvollziehen. Gerade hier zeigt sich die ganze Geduld und Menschenliebe des Pater Johannes. Hatte er schon Ana de San Alberto ermutigend gefragt, wieviel kostbare Zeit sie denn eigentlich mit ihren Skrupeln verschwenden wolle, gibt er auch gleich in seinem ersten Werk, dem „Aufstieg", diesbezügliche Anweisung: Wenn es Skrupel bereitet, daß man nichts tut, möge man sich klarmachen, daß es kein Geringes ist, wenn man die Seele befriedet (2 S 15,5). Und etwa eineinhalb Jahre vor seinem frühen Tod gibt er einer skrupelgequälten Karmelitin genaue Anleitung, wie großzügig sie die Beichte – wenn sie sie durchaus nicht lassen kann – behandeln soll:

„Wenn Sie Ihren Skrupeln ein Ende bereiten könnten, hielte ich es im Interesse der inneren Ruhe für besser, nicht zur Beichte zu gehen. Wenn Sie aber doch gehen wollen, so beichten Sie folgendermaßen:

Was Ihre *Gedanken* und Überlegungen angeht, möge es sich nun um Einfälle handeln oder um ungeordnete Strebungen, Vorstellungen und sonstige Anstöße, die unwillkürlich erfolgen, ohne daß die Seele ihnen zustimmt oder bei ihnen verweilt, so sollen Sie diese nicht beichten und sich nicht darum kümmern und sorgen. Am besten ist es, dieses alles zu vergessen, mag auch die Seele sich sträuben; wenn die Qual aber zu schlimm ist, mögen Sie nur ganz generell beichten, daß es Unterlassungen und Nachlässigkeiten gab bezüglich der Reinheit und Makellosigkeit, in der Sie Ihre inneren Fähigkeiten, das Gedächtnis, den Verstand und den Willen halten sollen.

Was die *Worte* betrifft, so nennen Sie nur das Zuviel und die geringe Zurückhaltung, die Sie vielleicht zeigten im Vergleich zu der Wahrheit, Aufrichtigkeit, Notwendigkeit und reinen Absicht, die wir beim Reden beobachten sollen.

Bezüglich der *Werke* beichten Sie nur eventuelles Abweichen von dem einzig richtigen Ziel, das ganz bedingungslos Gott allein ist. Wenn Sie so Ihre Beichte ablegen, können Sie zufrieden sein, ohne etwas von allen diesen Einzelheiten gesagt zu haben, auch wenn es Ihnen schwerfällt" (E 20).

Und nachdrücklich empfiehlt, befiehlt er ihr, öfter als sonst die heilige Kommunion zu empfangen. Damit sagt er ihr deutlicher als mit allen Worten, daß sie in seinen Augen an keiner Sündenschuld trägt. Sagt ihr, wie sie von ihm ganz als Mensch angenommen und in Liebe getragen ist.

Johannes vom Kreuz ist der große, einfühlsame Seelenführer geworden, weil er die Menschen liebte. Seine Zeitgenossen haben das gefühlt. Was wäre auch ein wahrer Heiliger anderes als ein Mensch der Liebe? Die Mutter Teresa schrieb 1577 über den gefangenen Johannes an König Philipp II.: „Man hält ihn für einen Heiligen. Und nach meiner Meinung ist er das auch und war es sein Leben lang" (Cta 208, 3).

Sein Leben lang – die Mutter Teresa schreibt das, nachdem sie Juan, der jetzt 35 ist, zehn Jahre kennt. Zweifellos denkt sie dabei auch an seine Kindheit, weiß von seiner Liebe und Geduld gegenüber seiner Familie und ganz besonders gegenüber dem geistig ein wenig zurückgebliebenen Bruder, weiß von seinen jungen Jahren aufopfernder Krankenpflege, von seinem Lerneifer, der doch keinen Ehrgeiz kannte. Und vor allem natürlich vom Umgang mit ihren Schwestern und ihr selber!

Was die Zeitgenossen des Johannes wußten, haben die Nachfahren manchmal vergessen. Noch heute denkt man sich Johannes vom Kreuz oft als einen Introvertierten, der einzig Gott seine Liebe reservierte. Wie falsch eine solche Auffassung ist, zeigen schon allein die Briefe. Und seine große Sorge um das Amt geistlicher Führung, das alle seine Werke prägt. Auch gibt es wohl keinen Mystiker und Heiligen, der die Formel von der aus Gottesliebe hervorgehenden Nächstenliebe umzudrehen wagte, indem er mit letzterer begann:

„Je mehr die Nächstenliebe wächst, um so größer wird auch die Liebe zu Gott. Und je mehr die Gottesliebe wächst, um so größer wird auch die Nächstenliebe" (3 S 23, 1).

Daraus ergibt sich die Warnung des Mystagogen: „Wer seinen Nächsten nicht liebt, verachtet Gott" (A 4, 9).

3. Auf der Jakobsleiter

Kontemplation nach Johannes vom Kreuz

Man kann die Leserurteile über das Werk des Johannes vom Kreuz in zwei Gruppen teilen. Die einen sagen: Er schreibt immer über Kontemplation, die anderen: Leider erfährt man bei ihm über Kontemplation sehr wenig.

Darum wäre es sinnvoll, einmal zu fragen: Was ist eigentlich Kontemplation für Johannes vom Kreuz? Spricht doch sogar er selbst von „dunkler Kontemplation", so dunkel, daß er gelegentlich seinem Leser empfiehlt, das eben Gesagte noch einmal zu lesen! Andererseits aber gebraucht er in kontemplativen Zusammenhängen auffallend oft das Wort „sencillo", einfach – und Johannes weiß genau, was er sagt. Durch seine große Begabung als Dichter hat er ein besonders enges, inniges Verhältnis zum Wort, auch zum einfachen menschlichen Wort.

Auf jeden Fall verbindet er das Wort „Kontemplation" mit den wichtigsten Schlüsselworten seiner mystischen Lehre. Er erläutert es als geheime Weisheit, Liebeswissen, dunkle Nacht, Gottesnacht, geheime Leiter, mystische Theologie. Wo soll man da beginnen?

Es geht Johannes, wenn er von Kontemplation spricht, nicht um Information, sondern um Formation des Menschen. Um einen Transformationsprozeß, der zur Unio mystica führt. Voraussetzung für das Zustandekommen ist die immer umfassendere Präsenz und Nähe Gottes, die allerdings gerade in ih-

rem Wachsen die menschliche Erfahrungsmöglich-
keit übersteigt. Aber das Ansteuern dieses Prozesses
ist keine Vermessenheit, gründet er doch auf Christi
Verheißung von seinem Kommen mit der ganzen
göttlichen Dreifaltigkeit in das Herz des Gläubigen,
der ihn liebt; oder auf dem Pauluswort vom Christus
in uns, vom Christus, der im Glaubenden, Liebenden, Hoffenden heranreift und wächst. Kontemplation ist für Johannes die praktische Verwirklichung
dieser verwandelnden Entwicklung in allen ihren
Möglichkeiten und Bereichen. Diese Entwicklung
und Transformation ist nur möglich, wenn Gott und
Mensch in engster Weise zusammenarbeiten, wobei
freilich das „Wie" großen, erschütternden und läu-
ternden Wechseln unterworfen ist.

Meditation und Kontemplation

Für unser heutiges Verständnis bedarf es zunächst
einer begrifflichen Klärung, zumal auch Johannes
selbst in seiner Hinführung zur Kontemplation
diese von der Meditation abhebt. Daraus hat sich
bei uns allerdings das Mißverständnis eingeschlichen, Johannes meine, wie andere Autoren, mit
Kontemplation einfach eine höhere Gebetsart. Dem
ist nicht so, solche Auffassung erreicht nur einen
Teil seines Verständnisses. Aber das kann erst ge-
klärt werden, wenn die terminologische Klarheit
hergestellt ist.

Unser modernes Wortverständnis ist meist östlich
geprägt. Wir meinen mit Meditation die übergegen-
ständliche, meinen ein inneres Verstummen, in dem
alle Denkvorgänge und vorgestellten Bildfolgen zur
Ruhe kommen, versickern, am Ende verschwinden.
Diese Vorgänge kannte und übte man auch im tradi-

tionellen Christentum und ganz besonders im Spanien des 16. Jahrhunderts, das ebenfalls seine „New-Age-Bewegungen" hatte. Aber man bezog sich in diesem Stillwerden auf ein liebendes und daher personales Gegenüber, auf Gott oder den Freund und Geliebten Jesus Christus. So war denn das Schweigen ein Schweigen der Liebe, und verbarg sich in dem Nichtdenken eine Erfahrung des „Alles", der Allheit Gottes. Darum sprach man von Kontemplation, denn dieses Wort, in dem „Tempel" enthalten ist, zielt auf den heiligen Bezirk, den Ort und die Anwesenheit Gottes.

Meditation dagegen, wie man sie zur Zeit des Johannes verstand, hat Teresa von Ávila definiert als eine diskursive Verstandestätigkeit, also Denkvorgänge und bildhafte Abläufe, die sich mit heiligen Texten beschäftigen und sich nachsinnend, nachspürend versenken in die Lehre, das Leben und Sterben Christi, um das wesentlichste Beispiel zu nennen (vgl. 6 M 7, 10).

Johannes hält die Meditation für außerordentlich wichtig. Denn sie ist die Voraussetzung für Kontemplation und damit für den Transformationsprozeß, der von Gott und Mensch gemeinsam vollzogen wird. Kontemplation, sei es als „Stehen vor Gott" im inneren Schweigen, sei es die Erfahrung der Gottesnähe in den Turbulenzen des Lebens, wie sie Johannes reichlich zuteil wurden, baut nicht auf Techniken auf, sondern auf einer inneren Kultur der Gottesliebe, die nur durch Meditation im alten Sinne zu erwerben ist. Nicht nur, weil der Verzicht auf Inhalte die Kenntnis von Inhalten voraussetzt, sondern auch, weil in der Meditation aus dem Erkennen immer wieder ein Aufflammen des Liebens hervorgeht. Durch Wiederholung, durch immer breiteres Abdekken des Bewußtseinsfeldes, wird schließlich daraus ein Zustand. Die Akte schaffen den Habitus, scholastisch ausgedrückt. Johannes vom Kreuz schildert das so:

„Es ist das Ziel des methodischen Nachsinnens über die Dinge Gottes, dadurch eine Art von Wissen und Gottesliebe zu erlangen. Immer wenn das der Seele in der Meditation gelingt, ist das ein ‚Akt' (d. h. ein Tun und eine Erfahrung). Und so wie grundsätzlich auf jedem Gebiet durch viele Akte in der Seele eine Zuständlichkeit geschaffen werden kann, wird aus der übenden Wiederholung zunächst vereinzelter Akte des liebenden Erkennens allmählich ein bleibender Zustand" (2 S 14, 2).

Man kann nur lieben, was man kennt, das ist eine der Maximen der Epoche des Johannes vom Kreuz. Hier heißt es aber doch genauer: *wen* man kennt. Denn die angeeigneten Inhalte gehören der Selbstoffenbarung Gottes an, wie sie durch Christus und die Heilige Schrift übermittelt sind. Darum bleiben im „Habitus", in der Zuständlichkeit, diese Kenntnisse und Inhalte bestehen, auch wenn aus der vereinzelten Betrachtung eine ungeschiedene Totalität des Wissens und Liebens geworden ist. Das ist dann das Werk der Kontemplation, in der nur erwartet wird, daß die Aufmerksamkeit ganz auf Gott gesammelt ist. Gelingt das im Gebet, so wird daraus mit der Zeit eine innere Haltung, die nicht introvertiert ist, sondern theozentrisch. Johannes hat dafür zwei sich ergänzende Fachausdrücke. Der gottsuchende Mensch steht vor Gott mit einem „liebenden Aufmerken", dem Gott mit einer liebenden „noticia", einer Kundgabe antwortet, die dann beim Menschen ein liebendes Innewerden hervorruft. Diese Kundgabe wird immer auf der Linie der Selbstoffenbarung in Jesus Christus liegen, aber sie kann sich frei den Modalitäten der individuellen Person und ihrer Umstände anpassen. Ein solcher Vorgang aber ist schon kontemplativ.

Damit man, damit auch der Seelsorger erkenne, wann von der Meditation abzulassen ist, weil sich das geistige System im Menschen ändern will, hat Johannes drei Merkmale zusammengestellt, die er in seinen ersten beiden, ihrer Entstehung nach zusammengehörenden Büchern des „Aufstiegs zum Berge Karmel" und der „Dunklen Nacht" fast identisch wiederholt. Dabei schrieb er die Anweisung des ersten Werkes später als die des zweiten. Ich übersetze darum die spätere Angabe, wie sie im „Aufstieg zum Berge Karmel" steht. Johannes sagt:

„Damit diese Lehre nicht unklar bleibe, soll nun erklärt werden, wann es angebracht ist, daß man die Übung des diskursiven Meditierens mitsamt den bildhaften Vorstellungen und Nachvollzüge lasse, was weder zu früh noch zu spät geschehen darf, sondern genau dann, wenn der Geist es fordert. (...) Darum werden wir hier einige Zeichen und Merkmale angeben, an denen man innerlich erkennt, ob man die Meditation zu dem fraglichen Zeitpunkt aufgeben soll oder nicht.

Das erste Zeichen ist gegeben, wenn man merkt, daß man nicht wie sonst nachsinnen und die Imagination gebrauchen kann, zumal sich auch die frühere Freude daran nicht einstellt. Vielmehr findet man jetzt Trockenheit, wo man sonst Saft und Kraft herauszuholen pflegte. Sollte allerdings letzteres noch möglich sein und kann man in der Meditation noch folgernd denken, so soll man sie nicht lassen. Es sei denn, es stelle sich jene Ruhe und jener Frieden ein, die als drittes Kennzeichen besprochen werden sollen.

Das zweite Merkmal ist da, wenn man feststellt, daß man keinerlei Lust mehr hat, die Imagination, die Seelenkräfte auf etwas bestimmtes Inneres oder Äußeres zu richten. Ich sage nicht, daß Bilder und Gedanken nicht kommen und gehen – denn auch in tiefer Sammlung pflegen sie noch aufzutauchen. Aber man wünscht nicht, sie absichtlich auf etwas zu lenken.

Das dritte und sicherste Anzeichen ist gegeben, wenn man alleinsein möchte in Liebe und Aufmerken auf Gott, ohne eine bestimmte Erwägung – in innerem Frieden, in gelassener Ruhe, weil die Seelenkräfte Verstand, Gedächtnis und Wille ihre Tätigkeit und ihr Bemühen eingestellt haben – oder zumindest doch das gezielte Wandern der Gedanken von diesem zu jenem. So daß also nichts bleibt als ein Aufmerken auf Gott und ein unmittelbares liebendes Innewerden ohne Einzelwahrnehmungen oder ein festlegbares Verstehen" (2 S 13, 1–4).

Es scheint zunächst so, als werde hier nur der Zustand des „Nichtdenkens", wie man zur Zeit des Johannes sagte, angestrebt, eine Parallele zur heutigen übergegenständlichen Meditation. Aber Johannes meint mehr. Der Übergang von der Meditation zur Kontemplation ist als Gebetserfahrung nur hilfreiches Zeichen für den Einsatz der ersten notwendigen Läuterungsvorgänge, die Johannes „Nächte" nennt und die den ganzen Menschen und sein Leben erfassen. Nicht, daß man nun für immer das Denken einstellen sollte. Aber der läuternde Vorgang beginnender Gottesliebe hat zur Folge, daß eine innere Wende stattfindet, weg vom Gegenständlichen, wozu auch die bloße Vorstellung von Gegenständlichem gehört, und hin zu Gott. Oder richtiger noch: weg vom Hängen an diesem und jenem, weg von der eigenen Begehrlichkeit, dem „apetito", der den Blick auf Gott verstellt. Weil diese Abwendung wie ein Nicht-mehr-Sehen ist, nennt Johannes sie „Nacht": „Nacht des Sinnes". Nicht aber „Nacht der Sinne", wie wir in den deutschen Übersetzungen lesen. Johannes macht nicht die Sinne schlecht, er liebt sie als Schöpfung Gottes, er macht als Dichter und naturliebender Mensch, der am liebsten im Freien angesichts eines schönen Panoramas betete, von ihnen reichlichen und guten Gebrauch. „Nacht des Sinnes" meint Verzicht auf egoistischen Gebrauch, den man von den äußeren fünf Sinnen und den inneren „Sinnen" der Phantasie, der Imagination und der Leidenschaften machen kann. Das Übel hat seine Wurzeln im Geistigen.

Darum, sagt Johannes, ist die Nacht des Sinnes noch nicht sehr dunkel und auch noch nicht sehr wirksam. Sie ist ein Übergang wie der Übergang von der Meditation zur Kontemplation. Ist er aber vollzogen, so kann das Läuterungsgeschehen gleichsam ins Geistige aufsteigen. Dann müssen Verstand, Wille und Gedächtnis sich wandeln. Glaube, Liebe und Hoffnung sind das Ziel dieser Transformation.

Johannes zeigt es zuerst und besonders deutlich am Glauben, der den Verstand übersteigt, weil auch Gott das Verstehen übersteigt. Gott hat dafür dem Menschen aber seine Offenbarung in Jesus Christus gegeben, allerdings ist auch diese dem Verstand nicht einfach zugänglich. Aber der Mensch des kontemplativen Weges ist ein Christusliebender, dazu diente die vorausgehende Meditation, dazu dienen auch die inneren Verarbeitungen der Lebensereignisse und Krisen. Im Blick auf das Kreuz kommt auch das Unverständlichste nah, im Zusammengehen mit Jesus Christus, ohne das christliche Kontemplation nicht möglich ist, ersetzt die Liebe, was dem Verstehen fehlt. Und der Liebe schenkt Gott in der kontemplativen Verwandlung auch ein wachsendes Verstehen, das Glaube heißt. „Die mystische Weisheit", sagt Johannes, und meint damit die Kontemplation, „verfährt nach der Art des Glaubens, durch den wir Gott lieben, ohne ihn zu erkennen" (C Prol 2).

Das ist eine ganz neue Liebesmöglichkeit. Der Glaube ersetzt in Liebe das Erkennen, nicht durch ein dumpfes Annehmen des Absurden, sondern durch die lebendig erfahrbare Realität Gottes, die allen Glaubensaussagen zugrunde liegt. „Wir gehen", sagt Johannes, „zu Gott mit den Füßen des Glaubens unter Führung der Liebe" (C 1, 11). Das ist die „Nacht des Glaubens", die eigentlich eine Nacht des Verstandes ist und mit der Johannes sein Buch von der „aktiven Nacht des Geistes", womit die allmähliche Umwandlung in Glaube, Liebe und Hoffnung gemeint ist, eröffnet. Man sieht es bei Johannes vom Kreuz immer wieder: was auf den ersten Blick so negativ klingt, ist in Wirklichkeit unsagbar positiv. Die scheinbare Härte ist die Kehrseite einer flammenden, beglückenden Liebe.

Johannes gestaltet seine kontemplative Erfahrung in Gedichten, die zum Schönsten spanischer Lyrik gehören. Wenn er zum Beispiel schildern will, wie er die innere Wende vollzieht, diese Abkehr von Begehrlichkeit und Egoismus, schreibt er Verse über die Seligkeit der dunklen Nacht, in die er „hinausging", fort von seinen Verhaftungen. Er benutzt dazu nachweislich Bilder, die an seine dunklen Kerkermonate in Toledo mitsamt seiner nächtlichen Flucht erinnern.

Wegen der Vielschichtigkeit der Erfahrung hat er sein berühmtes Nachtgedicht auch verschiedenen Deutungen unterzogen, die den ersten Werken zugrunde liegen. Aber Johannes ist dabei über die Deutung der beiden ersten Strophen kaum hinausgekommen. Er verwickelte sich selbst in die Überlagerung seiner verschiedenen Systeme und brach zweimal ab, um dann in neuen Werken, dem „Geistlichen Gesang" und der „Lebendigen Flamme der Liebe" das Schönste und Wesentlichste der kontemplativen Erfahrung auszusprechen, so wie er es auch in dem Nachtgedicht tat, dessen erste Strophen lauten:

> „In einer dunklen Nacht,
> entflammt in Liebe, brennend vor Verlangen –
> o Glück, das selig macht! –
> bin ich hinausgegangen,
> von tiefem Frieden war mein Haus umfangen.
>
> Von Dunkelheit bewacht,
> konnt' zur geheimen Leiter ich gelangen –
> o Glück, das selig macht! –
> im Dunkel und verhangen,
> von tiefem Frieden war mein Haus umfangen."

Glaubensleiter

Das befriedete Haus ist die Person des Menschen, in der sich in Gebet und Leben die innere Ausrichtung änderte, theoretisch zunächst im Bereich der Sinne und des an Gegenständliches gebundenen Denkens, dann im Bereich des Verstandes, Gedächtnisses und Willens. Praktisch erfahren beide Bereiche ihre läuternde Verwandlung zusammen. So verläßt in dem Nachtgedicht der Kontemplative sein Haus, also seinen „alten Adam", um Christus, die geliebte Person, zu suchen und seine Liebe zu erfüllen. Er verläßt dieses Haus über die Leiter des Glaubens, so erklärt Johannes. Wieso aber, könnte der Leser fragen, führt diese Leiter abwärts? Johannes erläutert auch das:

Auf dieser besonderen Leiter ist der Abstieg zugleich ein Aufstieg, es kommt nur auf die Perspektive an. Johannes will zeigen, daß Gott zugleich das Höchste und Tiefste ist, was die Liebe des Menschen erreichen kann. „Der Kontemplative" – so sagt er, und meint damit den spirituellen, gottsuchenden und christusliebenden Menschen, „steigt die Leiter des Glaubens hinan, die bis in die Tiefen Gottes geleitet und eindringt" (2 S 1,1). Von den Tiefen der Gottheit, von der Unauslotbarkeit des göttlichen Geheimnisses spricht Johannes oft, denn als Theologe weiß er genau und oft erschüttert um die Transzendenz Gottes, die aber nicht eine grundsätzliche Unerreichbarkeit bedeutet, sondern einen Überstieg, ein Mehr, das sich mit Gottes Hilfe in Liebe erahnen läßt. Aber das unendliche Geheimnis bleibt, Gottes Tiefe und Gottes Liebe sind grenzenlos.

Der Liebende nähert sich nun also dem ihn erwartenden Gott in der Verborgenheit und Nacht des Glaubens. Daß die Leiter „ geheim" ist und „verhangen", bedeutet das gleiche wie das Dunkel der Nacht, nämlich Sicherheit. Die nur auf sich selbst vertrauenden Seelenkräfte würden sich verirren, können Opfer des lauernden Bösen werden, vermögen nicht in Gottes Höhen und Tiefen zu dringen. Im Dunkel des Glaubens und der Liebe aber, in voller Hingabe an Gott, im Vertrauen auf sein Wort, ist Sicherheit und Führung gegeben. Die Nacht muß sehr dunkel sein, damit keine Eigenmächtigkeit vom Wege abirren läßt.

Das Glaubensverständnis des Johannes kommt dem nah, was Karl Rahner vor Jahren in einem Aufsatz „Vom Mut und der Gnade, sich auf das Ganze einzulassen" ansprach. Rahner bezieht sich dabei auf den betenden Menschen, also auch den Kontemplativen, und sagt: „Wer sich so auf (den unermeßlichen) Gott einläßt, wer es wagt, mit ihm zu tun zu haben, der betet in einem ganz ursprünglichen Sinn, der allen Unterscheidungen des Gebets noch voraus- liegt. Solches Beten ist Annehmen der Herkünftig- keit von Gott als Gnadengeschenk."*

Bei Johannes wird diese Gebetshaltung zur Le- benshaltung. Einer seiner Zeitgenossen erzählt von ihm: „Wie fortgeschritten er in der Tugend des Glau- bens war, zeigt sich in dem, was er schrieb und lehrte. Der Weg des gelebten Glaubens war ein ein- ziges Von-Gott-Abhängen und Seine-Aufmerksam- keit-auf-ihn-Richten – ohne die anderen Abhängig- keiten, auf die der nur natürliche Mensch sich beim Beten zu stützen pflegt, wie innerer Genuß, geistli- che Tröstungen, Offenbarungen und Visionen. Er aber (Johannes) lehrte im Gegensatz hierzu, daß für die Gotteinung die immer radikalere Entblößung von allem diesen notwendig ist, damit man sich beim Gehen einzig am Licht des Glaubens orientiere.

Ein Beweis für den starken Glauben dieses Die- ners Gottes war darin zu sehen, wie er seine großen Bedrängnisse und Leiden trug, von denen er sich so wenig niederdrücken ließ, daß man staunte. Daran zeigte sich klar der Wert dieser Tugend des Glau- bens. Sie gab Kraft und öffnete Türen, so daß man mit seinem Gott atmen konnte, auch wenn alle Wege versperrt schienen."**

Auf dieser Glaubensleiter ging es beim Beten wie im Leben um das immer großherzigere Zulassen des Wirkens Gottes, das den Transformationsprozeß lenkt, den Johannes „Kontemplation" nennt.

---

* In: Geist und Leben 56 (1983), S. 13.
** In: Procesos de Beatificación y Canonisación, Aussage P. Alonso de la Madre de Dios, Burgos 1931, S. 370.

So gibt es für Johannes nach der sinnenhaften Nacht und der Nacht des Glaubens und der natürlichen Seelenvermögen noch eine dritte, ganz finstere, die „Nacht Gottes", oder, wie Johannes gern sagt, die „Nacht der Kontemplation". Für ihn war alles Bisherige nur Vorstufe, die eigentliche Kontemplation beginnt erst nach einem gewissen Übergang der Einübung. Voll ausgereift ist sie erst, wenn Gott so absolut die Führung übernommen hat, daß nichts an eigenwilliger, egozentrischer Selbsttätigkeit mehr übrigbleibt. Dabei schwindet aber auch die Fähigkeit, das Geführtwerden noch wahrzunehmen. Somit ist es im doppelten Sinne eine „Nacht Gottes": Gott ist so präsent wie nie zuvor, der Mensch aber, der Kontemplative, dem Gott schon alles war, spürt keine Verbindung mehr zu ihm und glaubt sich schuldhaft verloren und verlassen. Um nicht grausam zu sein, unterbricht Gott gelegentlich seine dunklen Läuterungen und schenkt ihm Licht. Und wenn auch für den scheinbar Gottfernen, dem alle Lebenspläne und jeder Halt entschwinden, alles zusammenzubrechen scheint, bleibt doch in ihm die keine Antwort mehr findende Gottesliebe, die alles noch schlimmer macht.

Dies gehört zum Läuterungsprozeß der „Dunklen Nacht". Er ist so notwendig und wichtig, weil es im auch durch Glaube, Liebe und Hoffnung schon Gott Nahegekommenen noch unlautere Reste gibt, die eine Einung behindern. Er kann aber an diese Hemmnisse, die tief verwurzelt und weitgehend unbewußt sind, nicht selbst herankommen. Johannes meint damit die Neigung des „apetito", der Begehrlichkeit, sich nun des Höchsten zu bemächtigen. Die Folge sind geistliche Habsucht, Hochmut, Streben nach geistlichem Lustgewinn, nach Visionen, Offenbarungen und dergleichen.

Gottes Kundgabe und „noticia" aber ist dunkel und total. In ihr wird nichts anderes erfahren als wachsende Liebe und Hingabe im Glauben, wie er in der Meditation schon internalisiert wurde. Gottes Offenbarung erging nur einmal, und ihr ist nichts hinzuzufügen. Darum geht der Kontemplative in die Irre, der mystische Erfahrungen sucht. Er sollte sich lieber über „Trockenheiten" freuen, beim Beten wie im Leben, denn sie gehören zur reinigenden Nacht Gottes, die für Johannes die wahre Kontemplation ausmacht. Gottes Nacht ist die „contemplación infusa", die „eingegossene Kontemplation", wie es die alte „Mystische Theologie" nannte. Johannes definiert:

„In der Kontemplation unterweist Gott die Seele und lehrt sie die Vollkommenheit der Liebe" (2 N 5,1), denn „Kontemplation ist nichts anderes als ein geheimes, friedvolles und liebeerfülltes Einströmen Gottes, der, wenn man ihm stattgibt, die Seele in Liebe entflammt" (1 N 10,6).

Das tiefste Dunkel bringt und ist die größte Liebe. Im tiefsten Dunkel schenkt Gott aber auch Pausen mit den Vorahnungen des Lichtes, das den Morgen ankündigt. Es ist das Dunkel der Jakobsleiter, die sich in der Nacht zu Gottes Licht erhebt.

Jakobsleiter

Entscheidend ist für Johannes, daß die Jakobsleiter den Ort Gottes markiert, wo er – wenn auch distanziert – dem Menschen erreichbar wird. Also das Stadium des Transformationsprozesses, in dem „die Seele" Gott schon eng, wenn auch noch nicht dauerhaft, verbunden ist. Er bezeichnet in späteren Werken diese Vorstufe der Unio als „geistliche Verlobung", wenn hier auch die „Braut" (ähnlich wie in der sechsten „Wohnung" des Hauptwerkes der Teresa von Ávila) durch die Spannung zwischen Sehnsucht und Erfüllung noch viel zu leiden hat. Die Jakobsleiter besteht aus Antagonismen, so wie schon die Glaubensleiter zugleich hinauf und hinabgeführt hatte. „Die Seele nennt hier die dunkle Kontemplation eine geheime Leiter", sagt Johannes (2 N 17,1), und er will erklären, wieso diese Leiter auch eine geheime Weisheit, also eine göttliche Weisheit bedeutet: Weil hier Unvollkommenheiten getilgt werden, die das eigene geistige Vermögen nicht erkennen konnte, und weil dieser Prozeß zur Vollendung der Liebe führt (2 N 18). Das „gelobte Land", das Gott dem Jakob versprochen hatte, wird durch diese letzte Läuterung zugänglich (vgl. 2 N 19,3).

Im symbolischen Sinne sind die Leitersprossen der Weg dorthin. Johannes wird von dem biblischen Bild besonders angesprochen, weil die Leiter sich in der Nacht erhebt, weil Jakob „schläft", sich also nicht auf die eigenen begrenzten Kräfte verläßt. So kann Gott – das ist der Traum – in ihm arbeiten. Als Jakob erwacht, sagt er: „Wirklich, der Herr ist an diesem Ort, und ich wußte es nicht" (Gen 28,16). Sein Tiefenbewußtsein aber hatte folgendes gesehen:

„Eine Treppe (oder Leiter), die auf der Erde stand und bis zum Himmel reichte. Auf ihr stiegen Engel Gottes auf und nieder. Und siehe, der Herr stand oben und sprach: Ich bin der Herr, der Gott deines Vaters Abraham und der Gott Isaaks. (...) Ich bin mit dir, ich behüte dich, wohin du auch gehst" (Gen 28,12–15).

Natürlich bezieht sich Johannes vom Kreuz mit seiner Deutung der Jakobsleiter auf diese Schriftstelle, er war ein großer Bibelkenner. Aber er stützt sich auf noch eine weitere Quelle, die er für eine Schrift Bernhards von Clairvaux in der Bearbeitung des Thomas von Aquin hält.

Sie ist aber späteren Ursprungs, ihr wirklicher Autor ist ein Dominikaner namens Helvicus Teutonicus, und das Werk nennt sich „Von den zehn Stufen der Liebe nach Bernhard" (De decem gradibus amoris secundum Bernardum), während die Originalschrift des Bernhard von Clairvaux zwölf Stufen hatte und betitelt war: „Von den Stufen der Demut und des Stolzes" (De gradibus humilitatis et superbiae). Bernhard seinerseits schließt an das 7. Kapitel der Regel des heiligen Benedikt an, das zwölf Stufen der Demut beschreibt, die zu Gott hinanführen. Bernhard verbindet Demut und Hochmut zu einer spannenden Dialektik mittelalterlicher Psychologie, die sich des Bildes der Jakobsleiter bedient. Er zeigt, wie dem Aufstieg der Demut der Abstieg des Hochmuts entspricht, und umgekehrt. Bernhard erklärt:

„In der Vision Jakobs steigen die Engel an derselben Leiter auf und nieder (Gen 28,12). Was wollen sie uns damit lehren? Daß du, wenn du zur Wahrheit zurückkehren willst, nicht neue, unbekannte Wege suchen mußt. Du mußt nur auf demselben Weg wieder hochsteigen, auf dem du heruntergekommen bist. Wenn du deine Schritte umwendest, kannst du, deinen eigenen Spuren folgend, durch Demut dieselben Stufen wieder emporsteigen, auf denen du durch Hochmut herabgestiegen warst. Was für dich die 12. Stufe des Hochmuts war, wird beim Aufbruch nach oben zur ersten Stufe der Demut. Die elfte Sprosse des Hochmuts wird der zweiten Stufe der Demut entsprechen – und so weiter. Wenn du in dir die verschiedenen Grade des Hochmuts erkannt hast, brauchst du nicht lange zu suchen, um den Weg der Demut zu finden."

Johannes setzt voraus, daß auf dieser Leiter von oben her Gott den verborgenen Hochmut im Menschen tilgt. Dies aber geschieht durch eine Dialektik von Selbsterkenntnis und Gotteserkenntnis, die zur Synthese der Liebe führt. Er schreibt:

„Wie bei einer Leiter die gleichen Sprossen dem Aufstieg wie dem Abstieg dienen, so ist es auch mit der geheimen Kontemplation. Die gleichen Mitteilungen Gottes, die die Seele zu ihm erheben, demütigen sie in sich selbst. Denn diese Eigenschaft haben alle echten Mitteilungen Gottes, daß sie die Seele zugleich erheben und demütig machen, so daß auf diesem geistlichen Wege der Abstieg ein Aufstieg ist und der Aufstieg ein Abstieg. Denn ‚wer sich erniedrigt, soll erhöht werden, und wer sich erhöht, wird erniedrigt' (Lk 14,11). (...) Das ist die übliche Weise der Kontemplation, bis man die Ruhe erlangt. Kein Stadium kann festgehalten werden, alles ist ein Auf und Ab" (2 N 18,3).

In den Engeln sieht Johannes also Seelenvorgänge versinnbildlicht, der Prozeß entwickelt sich aus der lebendigen Spannung zwischen Mensch und Gott: „Bis schließlich im Zustand der Vollkommenheit dieses Auf und Ab ein Ende hat, weil die Seele an ihr Ziel gelangt ist und sich Gott geeint hat, der sich am Ende der Leiter befindet, die sich an ihn lehnt und bei ihm Halt findet" (2 N 18,4).

Und dann setzt der Heilige noch einmal zu einer großen zusammenfassenden Erläuterung an: „Um noch etwas Wesentlicheres und Typischeres von dieser Leiter verborgener Kontemplation zu sagen, müssen wir erklären, daß sie Leiter genannt wird, weil die Kontemplation ein Liebeswissen ist (ciencia de amor), eine, wie wir schon sagten, eingegossene liebende Kundgabe Gottes, die zugleich der Seele Klarheit (ilustración, also Erleuchtung und Erkenntnis) und Liebe vermittelt, um sie so Sprosse für Sprosse zu Gott, ihrem Schöpfer, zu erheben. Denn nur die Liebe eint und vereint die Seele mit Gott" (2 N 18,5).

Sinn der Stufen

Johannes vom Kreuz nimmt mit der Jakobsleiter in Kurzform schon seinen „Geistlichen Gesang" vorweg, denn auch in ihm wird die gottsuchende Seele im „Liebeswissen" (ciencia de amor) unterwiesen. Und der Aufbau des von starkem Gefühl begleiteten Erlebens ist ein ähnlicher. Das klassische Schema Läuterung – Erleuchtung – Unio ist angedeutet, wird aber wie überall von einer durchgehenden Dynamik zwischen Gott und Mensch überlagert. Nur ganz kurz soll hier der Sinn der zehn Sprossen oder Stufen angesprochen werden. Es handelt sich um die Dynamik einer von Liebe getragenen und getriebenen Verwandlung.

Auf der *ersten Stufe* wird die Seele liebeskrank. Diese Krankheit bedeutet Läuterung: die Seele vergeht vor Sehnsucht und vergißt dabei die Dinge, die sie bisher von Gott trennten. Man erkennt hier ganz deutlich, wie die vielgefürchteten Läuterungen des Johannes vom Kreuz gemeint sind. Kein lebensfeindliches Abwerten, sondern Überwältigung durch Liebe, die aus der wachsenden Gotteserkenntnis hervorgeht.

Die *zweite Stufe* entspricht dem Beginn des „Geistlichen Gesanges": die Seele ist unaufhörlich auf der Suche nach dem geliebten Bräutigam, sie fragt alle Geschöpfe nach ihm, der in der Nacht verschwand.

Die *dritte Stufe* ist geprägt vom großen Eifer und Bemühen der Seele, die keine Fehler mehr machen möchte. Auf der *vierten Stufe* leidet sie tief unter ihrer Unfähigkeit, Gott genügen zu können. Auf der *fünften Sprosse* wird sie von großer Ungeduld erfaßt, ihr Hunger nach Gottesnähe ist kaum noch erträglich. Der Hunger muß so groß sein, weil der Grad der Sättigung ihm entsprechen wird.

Auf der *sechsten Stufe* hat Gott sie im Geheimen schon so gestärkt, daß die Hoffnung sie beflügelt; das Steigen wird ihr leicht, und sie spürt die ersten Berührungen Gottes. Auf der *siebenten Sprosse* wird sie sehr kühn, die Liebe heftig wie ein reißender Strom. Juan de la Cruz zitiert zum Verständnis aus dem ersten Korintherbrief des Paulus: „Die Liebe glaubt alles, hofft alles, vermag alles" (1 Kor 13,7), so lautete es in der Übersetzung des Johannes.

Auf der *achten Sprosse* hat die Seele den Geliebten gefunden. Sie umarmt ihn und will ihn festhalten, was jedoch noch nicht ganz gelingt. Doch wird sie durch die Begegnungen so gestärkt, daß sie nun die Stufe der Vollkommenheit erreicht, die *neunte Sprosse.* Was sie hier erfährt, ist ein sanftes, unsagbar beglückendes Entbrennen in Liebe, wie es den Flammen des Heiligen Geistes entspricht. Die Nacht hat ein Ende.

Hier enden in der christlichen Mystik sonst die Beschreibungen des Ziels. Aber Johannes geht noch eine Stufe weiter: die *zehnte Sprosse* der verborgenen Liebesleiter bringt eine klare Schau Gottes und eine totale Angleichung der Seele an ihn. Aber das geschieht nicht mehr in diesem irdischen Leben (2 N 19 u. 20).

Was bei diesem Aufstieg die Seele eifrig und leidenschaftlich als eigene Mühe empfindet, ist Gottes Werk, denn sie befindet sich auf der Leiter der „eingegossenen Kontemplation". Aber das zeigt, wie relativ die Bezeichnungen aktiv und passiv sind. Das „passive" nach oben Gezogenwerden ist zugleich für die steigende Seele, den Menschen also, die größtmögliche Aktivität! Denn so, bejahend und mitarbeitend, verwirklicht er sein tiefstes, sein eigentliches Wesen.

Gott hat in dem großen Verwandlungsprozeß das ursprüngliche Bild des jeweiligen Menschen, seine Gottähnlichkeit, wiederhergestellt. Die Kontemplation, der Aufstieg auf der Jakobsleiter setzt in die Praxis um, was in der Taufe vorgegeben wurde und was als „Nachfolge Christi" zu realisieren ist. Was in der dunklen Nacht der Kontemplation geschieht, läßt alle Fragen nach Technik und Methode verstummen. Nur so viel darf vielleicht noch gesagt werden, denn es ist tröstlich: Für Johannes ist jeder Grad der Liebe schon Teil der Gotteinung, denn alle Stufen der Leiter verbinden mit ihm (vgl. L I, 13).

Letzte Fragen

Was aber geschieht auf den beiden letzten Stufen der uneingeschränkten Unio mystica? Niemand außer Johannes vom Kreuz wagte eine Antwort, und auch er erst nach langem Zögern (vgl. L Prol).

Ich möchte das in der „Lebendigen Liebesflamme" Ausgeführte nur kurz andeuten, weil es das Thema „Kontemplation" für die übliche Erwartung noch mehr übersteigt als das bereits Erläuterte.

Johannes geht aus von der Kundgabe, den Mitteilungen Gottes (noticias), die auf der höchsten Stufe in der unmittelbaren Erfahrung seiner Attribute bestehen. Aber diese Erfahrung wird vom Menschen in

der schon erwähnten Verwirklichung und hingege-
benen Aktivität gemacht.

Die Attribute sind wie Fackeln, die getrennt als
unendlich viele Quellen von Licht und Glut gefühlt
und gesehen werden oder auch, noch gottgemäßer,
als ein einziges gewaltiges, glühendes Licht. Das Innere des Menschen verhält sich demgegenüber wie
eine Kerze oder Fackel: es wird von diesem Licht in
Liebe entzündet und strahlt es seinerseits aus. Das
heißt, daß nicht die göttlichen Attribute selbst, wie
Allmacht, Gutheit, Barmherzigkeit usw. direkt ver-
menschlicht werden. Aber sie werden geliebt und
verwandeln so die menschliche Existenz.

Damit erfährt auch Gott die Liebe des Menschen,
und zwar in einer seiner Unendlichkeit entsprechenden Weise. Denn es ist ja sein eigenes Licht, seine eigene Glut, die er vom Menschen erhält – aber doch
auch als wahres Geschenk des Menschen, des Kontemplativen oder Gläubigen, der mit sich selbst das
unvergängliche, beseligende und keineswegs ver-
zehrende Feuer des Heiligen Geistes speist. So gibt
die „Seele", ich zitiere Johannes vom Kreuz, „Gott
selbst an Gott. Und dieses Geschenk ist ganz und
wahrhaftig das ihre" (L 3,78).

Das mag nun alles sehr ungewöhnlich und kühn
klingen. Aber, die Jakobsleiter zeigte es, die Kühn-
heit erwächst aus der Liebe, und Johannes vom
Kreuz gründet seine Kontemplation auf nichts anderes als auf die Möglichkeiten, die jedem Christen gegeben sind. Natürlich weiß er, daß die Kapazitäten
verschieden sind, daß aber Gott große und kleine
Gefäße ganz erfüllt, wenn sie sich ihm öffnen (vgl.
2 S 5,10).

Kontemplation ist für Johannes vom Kreuz kein
Machen, sondern ein Tun. Seine spezielle Hilfe aber,
die eine christliche Existenz voraussetzt, besteht im

Aufdecken der entscheidenden seelischen Krisen, die Abstiege zu sein scheinen, während sie in Wahrheit zu Gott hinanführen. Nachfolge Christi im Bild der Jakobsleiter.

4. Lautlose Musik

Dichter und Mystiker

Johannes der Dichter

Zweimal wurde Johannes vom Kreuz, dem bedeutendsten spanischen Mystiker, in unserem Jahrhundert eine Beachtung erwiesen, die zeigt, daß er dem heutigen Menschen etwas zu sagen hat: 1926 ernannte ihn Papst Pius XI. zum Kirchenlehrer, und 1952 erhoben ihn die spanischen Dichter zu ihrem Schutzpatron. Denn ein Dichter war er, einer der großen spanischer Sprache. Allerdings auch einer, der völlig aus dem Rahmen fiel. Der Hispanist Dámaso Alonso nannte sein dichterisches Werk einen „Meteoriten", ein auf unsere Erde verschlagenes Stück von einem anderen Stern. Umfangmäßig kein großer Meteorit. Aber so bedeutend, so aussagekräftig, daß kein geringerer als Hans-Urs von Balthasar meinte, Johannes vom Kreuz sei als *Dichter* in den Rang eines Kirchenlehrers erhoben worden. Denn in seinen Gedichten verbirgt oder offenbart sich seine eigentliche mystische Erfahrung.

Man darf daraus gewiß schließen, daß Johannes vom Kreuz ein ganz besonderes Verhältnis zum Wort hatte. Nannte er doch auch Jesus Christus mit Vorliebe „das Wort" oder auch „das Wort und die Weisheit Gottes". Auch schrieb er in der schwersten Zeit seines Lebens, nämlich mit 36 Jahren im Klostergefängnis zu Toledo, in das ihn Ordensstreitigkeiten gebracht hatten, einen Romanzenzyklus, der

zu seiner ganzen späteren „mystischen Theologie"
den Grund legt. Die Romanze ist eine volkstümliche
spanische Gedichtgattung, die ursprünglich vor allem den Spielleuten zugehörte, die Ereignisse des
Tages oder auch der geschichtlichen Vergangenheit
in einfachen und beliebig verlängerbaren Strophen
von Markt zu Markt und von Hof zu Hof trugen.

Johannes vom Kreuz, den, solange er sich erinnern konnte, die Dichtung faszinierte, ohne daß er
sich in technische und ästhetische Probleme einließ,
schrieb also seine erste theologisch-mystische Ab-
handlung in diesen Spielmannsversen. Er erzählte
die Heilsgeschichte:

> „Am Anfang war das Wort, in Gott
> hatte es Wohnung, hatte Leben;
> in IHM besaß es Seligkeit,
> die ihm unendlich war gegeben.
> Denn dieses Wort war selber Gott,
> weshalb man's hört den Anfang nennen.
> Im Anfang wohnte es, jedoch
> war es als Anfang nicht zu kennen,
> denn es ist Ursprung in sich selbst,
> ist ursprunglos durch alle Zeiten,
> und heißt doch Sohn und ging hervor
> aus anfanglosen Ursprungs Weiten."*

Und im weiteren Verlauf dieser Romanzen erfindet
Johannes dann zu seiner Mystik so etwas wie einen
„Prolog im Himmel"; Worte, die innerhalb der Dreifaltigkeit zwischen Vater und Sohn gewechselt werden und die den Vater zu einem Beschluß führen,
den der Sohn gern akzeptiert. Der Vater spricht:

---

* Ich zog für die Übersetzung den Reim der Assonanz vor, weil die
Assonanz, d.h. der Gleichklang nur der Vokale ohne Übereinstimmung der Konsonanten, dem deutschen Ohr fremd ist.

> „Eine Braut will ich dir geben,
> o mein Sohn, sie sei die deine,
> und sie soll an unsrem Tische
> essen dein Brot und das meine."

Ziel dieser Verlobung oder Ehe, die die Menschwerdung und das leidvolle Erdenschicksal des Sohnes erfordert, ist, daß eines Tages die Braut – d.h. die Menschheit oder die Kirche oder die Einzelseele, je nach Zusammenhang – das Leben der Heiligen Dreifaltigkeit teile. Johannes vom Kreuz schreibt am Ende seiner vierten Romanze:

> „Wie Vater, Sohn und Heilger Geist
> untrennbar ineinander leben,
> soll auch in Gott versenkt die Braut
> zu ihm ihr wahres Sein erheben."

Mit anderen Worten: Der Mensch ist zur Teilhabe am Leben der göttlichen Dreifaltigkeit bestimmt, das ist der Sinn der frohen Botschaft. Und dafür lebt und wirkt und schreibt Johannes vom Kreuz.

Aber weil diese Botschaft, dieses göttliche Angebot alle menschlichen Grenzen übersteigt, überragt es auch die Möglichkeiten der gewöhnlichen Sprache. Darum sucht Johannes seinen Ausdruck im Gedicht, dessen Sprache eine Offenheit der Bedeutungen zuläßt, die mehr ausdrückt, als es Prosa vermöchte. Klang und Rhythmus arbeiten mit, vor allem aber ist es das Bild, das Johannes fasziniert, denn es birgt die Möglichkeit zum Symbol. Das Symbol aber ist als seelischer Urbesitz der Menschheit Zeichen für eine übersinnliche Wirklichkeit.

Juan de la Cruz hat diesem Sachverhalt im Vorwort zu seinem „Geistlichen Gesang", das an Teresas bedeutendste Priorin, Ana de Jesús in Granada, gerichtet war, Ausdruck verliehen:

„Da diese Strophen, Ehrwürdige Mutter, wohl mit einer glühenden Liebe zu Gott geschrieben sind, dessen Weisheit und Liebe das All von einem Ende zum anderen durchwaltet, wie es im Buch der Weisheit heißt (Weish 8, 1), und da die Seele von dieser Fülle so erfaßt und bewegt ist, daß sie sich auch in ihrem Sprechen äußert, möchte ich hier nicht versuchen, die ganze Weite und Vielfalt zu erklären, die der von Liebe beflügelte Geist in diese Strophen legte.

Es wäre sogar Unwissenheit zu meinen, man könne diese Worte der Liebe im mystischen Sinne – wie es doch in diesen Strophen hier gegeben ist – mit irgendwelchen Reden erklären. Denn der Geist des Herrn, der sich, wie der heilige Paulus sagt, unserer Schwachheit annimmt, wohnt in uns und tritt für uns ein mit Seufzen, das wir nicht in Worte fassen (Röm 8, 26), das wir weder begreifen noch ausdrükken können. (...)

Darum verhüllen sie (diese Strophen) eher das Gefühlte mit Vergleichen, Metaphern und Bildern und übersetzen die Fülle des Geistes in geheimnisvolle Rede, als daß sie eine rationale Erklärung versuchen. Liest man all diese bildhaften Umsetzungen nicht im schlichten Geiste der Liebe und Meinung, die sie beseelt, so scheinen sie eher unsinnig als sinnvoll, wie es sich am Hohenlied Salomons und anderen Büchern der Heiligen Schrift zeigt, in denen der Heilige Geist, der seine Sinnfülle nicht in der banalen Alltagsrede ausdrücken kann, geheimnisvoll spricht in ungewohnten Gleichnissen und Bildern."

Diese Erläuterung des Johannes vom Kreuz macht deutlich, warum man in ihm einerseits den wohl größten Dichter spanischer Sprache sehen konnte, aber zugleich seine Gedichte als „Meteoriten" empfand, fremd, schwer verständlich, von einem anderen Stern. Sie bedürfen der Übersetzung vom Weltlichen ins Geistliche, weshalb die Menschen, die mit Johannes zusammenlebten, seine Schwestern und Brüder im Orden, seine weltlichen Beichtkinder, denen er ein liebevoller Seelenführer war, ihn immer wieder baten, diese wunderschönen Verse doch zu erläutern.

Er tat es zögernd, hatte er doch das Gefühl, damit das im Gedicht zu Ahnende wieder rational einzuengen – was wohl manchmal auch wirklich geschah. Aber er tat es doch in seiner Liebe zu den ihm Anvertrauten: zweimal mit seinem berühmten Gedicht von der dunklen Nacht, das er auf mehreren Ebenen auslegte, da es die Grundlage bildet zu seinen Werken „Aufstieg zum Berge Karmel" und „Dunkle Nacht".

Dieses Gedicht folgt nicht volkstümlich-spanischen Mustern wie die Romanzen. Es erzählt ja auch kein theologisches Geschehen in Zeit und Ewigkeit, keine allgemeingültige Heilsgeschichte, sondern das ganz persönliche Erleben der „Seele", dieser großen Protagonistin in den Büchern des Johannes. Die Seele ist die „Braut", die sich aufmacht, ihren Bräutigam zu suchen. Insofern ist auch dieses berühmte Nachtgedicht schon ein Hoheslied der Liebe, wie dann später der „Geistliche Gesang", der einen Zyklus von 40 Strophen erläutert, fast alle schon im Kerker zu Toledo entworfen; Licht und Farbe und Trost im Elend einer neun Monate währenden Qual und Dunkelheit.

Den Text der ersten Strophe des Nachtgedichts kann man heute sogar an einem Rest der Stadtmauer von Toledo bewundern, dort, wo Johannes todesmutig seinem Kerker entfloh. Diese Strophe lautet:

> „In einer dunklen Nacht,
> entflammt in Liebe, brennend vor Verlangen –
> o Glück, das selig macht! –
> bin ich hinausgegangen,
> von tiefem Frieden war mein Haus umfangen."

Durch diese Strophen weht ein anderer Geist als durch die Romanzen, der Geist der italienischen Dichtung, wie sie etwa durch Petrarca oder Tasso auch unter den spanischen Dichtern geniale Nachfolger fand. Johannes vom Kreuz liebte vor allem Garcilaso de la Vega und nahm ihn sich zum Vorbild. Typisch ist der Elfsilber, der in den eben zitierten Strophen von jeweils fünf Versen die zweite und fünfte Zeile ausmacht und mit Siebensilbern wechselt. Diese Strophe hatte den Namen „Lira", weil einer der ersten so verwendeten Verse Garcilasos mit dem Wort „lira" endete*, was Leier bedeutet. Johannes bevorzugte die Liraform, wenn es darum ging, tiefe geistige Erfahrungen auszudrücken.

Er übernimmt nach der Gepflogenheit seiner Zeit oft nicht nur die Form, sondern ganze Verse oder Strophen, die er frei den eigenen künstlerischen Bedürfnissen anpaßt. Er bejaht damit eine Haltung, die sich an einer Kontinuität von Traditionen freut, auch das Volkstümlich-Anonyme einbezieht und Überraschungseffekte und geheime Anspielungen liebt.

Das gilt z. B. für sein berühmtestes Gedicht, die soeben zitierte erste Strophe der „Dunklen Nacht", deren Aussage und Bild sich in einer sogenannten „Égloga" des Garcilaso findet. Die Verse lauten:

> „Hizo que de mi choza me saliese
> por el silencio de la noche oscura"

---

* Canción 5, „Si de mi baxa lira / tanto pudiesse el son …"

„(Mein Schicksal) veranlaßte mich,
daß ich meine Hütte verließ,
um durch das Schweigen
der dunklen Nacht zu gehen" (E 2, 535)

Gleich oberhalb dieser Verse findet sich ein anderer,
der von Johannes in sein fast ebenso berühmtes Gedicht von der Liebesflamme übernommen wurde –
kurz, das Verfahren war üblich und praktisch, war
auch im Verständnis der Epoche kein Plagiat, zumal
ja das Übernommene noch ins Geistliche übersetzt
werden mußte. Denn bei Garcilaso war es wörtlich
und weltlich zu verstehen.

Bei dem Gebrauch, den Johannes von vorhande-
nen Versen und Bildern macht, ist es für das Verständnis wichtig, ob er sich des Symbols oder der
Allegorie bedient. Die dunkle Nacht ist ein Symbol,
das heißt ein Zeichen, das in einen höheren geistigen
und „numinosen" oder göttlichen Bereich verweist,
der weder rational noch mit den Sinnen zu fassen ist
und viele Deutungsmöglichkeiten in sich birgt. Trotz
dieser Allgemeinheit oder vielmehr gerade deswegen hat jeder beim Nennen eines Symbols andere,
aber ähnliche intuitive Eindrücke und Assoziatio-
nen, die ihm einen Zugang verschaffen.

Nicht so die Allegorie. Wenn Johannes „Höhlen"
sagt und damit die Seelenvermögen des Menschen
meint, so bezieht er in besonderer Weise ein Bild auf
eine geistige Realität, die darin nicht unbewußt enthalten, sondern rational und erklärungsbedürftig mit
ihm verbunden ist. Dieses ist überwiegend das Verfahren des „Geistlichen Gesanges", dessen Schönheit
zwar auch ohne Erklärungen genossen, aber nicht in
der Meinung des Johannes verstanden werden kann.

Allerdings muß hier ein Vorbehalt gemacht werden: wenn Johannes von Gott spricht, so übersteigt

dieser Inhalt eigentlich das Faßbare und allegorisch Mögliche. Also doch ein gewisses Übergreifen des allegorischen Bereichs auf den symbolischen, aber so, daß sich der Leser vom Dichter an die Hand nehmen lassen muß.

Unerhört dicht sind die Gedichte des Johannes vom Kreuz! Wenige Verben, sparsam verteilte Adjektive, viele Substantive und doch eine ungeheure Dynamik, die sich aus dem Aufeinanderbezogensein der Bilder ergibt. Manchmal wirkt es wie ein Film, der vor den Augen abläuft: die Gebirge, die stillen bewaldeten Täler, die fremd-fernen Inseln, die rauschenden Flüsse, das Säuseln liebender Lüfte: das macht in dieser Gedrängtheit nur eine einzige Strophe. Sie soll nachher untersucht werden.

Es ist verständlich, daß man Juan immer wieder um Erklärungen bat, ich sagte es schon. Aber auch dabei folgte er Zeitmoden und typisch spanischen Gewohnheiten. Zeitmode war das Dichten „a lo divino", wie man es nannte: „auf geistliche Art" (und nicht etwa „Gedichte an die Gottheit", wie man in deutschen Ausgaben manchmal übersetzt findet): Man nimmt Gedichte weltlichen Inhalts, vor allem Liebesgedichte, die nun allegorisch und symbolisch auf Christus, auf Gott, auf das mystische Erleben bezogen werden.

Zwei Jahre bevor Johannes in Toledo mit seiner großen Dichtung begann, erschien ein Buch, das Ruhm erlangen sollte und das von ihm nachweislich benutzt und nachgeahmt wurde. Es war das Werk eines frommen Dichters namens Sebastián de Córdoba, der ihm einen langen, aber genauen Titel gab: „Las Obras de Garcilaso y Boscán trasladas a materias cristianas y religiosas, Granada 1575.* Die

---

* Neuauflage von G. Gale als „Garcilaso a lo divino", Madrid 1971.

„Werke Garcilasos und Boscáns" also, „ins Christliche übertragen".

Dem Beispiel dieses Buches folgten viele religiöse Dichter, was wohl mit einer spanischen Tradition zusammenhängt, die schon im frühen Mittelalter von islamischen Mystikern, den Sufis, die es ja auch in Spanien gab, gepflegt wurde. Sie waren der Überzeugung, daß sich ihre Liebe zu Allah und die Erfahrung seiner unfaßlichen Liebe nur im Gedicht halbwegs andeuten ließ. Und weil auch dieses Angedeutete nicht leicht zu verstehen war, schrieben sie, wie Johannes vom Kreuz, zu solchen Gedichten manchmal ausgedehnte Kommentare. Im christlichen Spanien fanden sich gelegentlich ähnliche Ansätze, zum Beispiel bei dem Franziskaner Bernardino de Laredo, dessen „Aufstieg zum Berge Sion" Juan de la Cruz mit Sicherheit gelesen hatte.

Wenn aber Johannes etwas erläutert, so verweist er nicht auf Dichter, selten auf Mystiker und Philosophen, aber ständig auf die Heilige Schrift. Es gibt keine wesentliche Aussage, die er nicht mit ihr belegte, wenn er dabei auch manchmal recht frei und phantasievoll aus der Vulgata übersetzt. Dieses Zitieren ist weniger eine Vorsichtsmaßnahme in seiner inquisitionsgeängstigten Zeit als vielmehr seine tiefe Überzeugung von der Wahrheit des christlichen Glaubens, von der Weisheit des geoffenbarten Wortes. Er konnte die ganze Bibel nahezu auswendig.

Geistlicher Gesang

Ja, die Heilige Schrift war ihm so sehr Quelle der eigenen Inspiration, daß er sein Lieblingswerk, den „Geistlichen Gesang", eng an das Hohelied des Alten Testaments anlehnte, ohne daß man sagen könnte, es sei eine Kopie oder Paraphrase. Es ist im Gegenteil der ureigenste Ausdruck seiner inneren Erfahrung, beglaubigt durch das kirchlich abgesegnete Muster. Ausgangspunkt für das geistliche Hochzeitslied mit seinen 40 Strophen, die auch wieder Garcilaso-Anklänge zeigen, ist der dritte Abschnitt des Liedes Salomons, der beginnt:

> „Des Nachts auf meinem Lager suchte ich ihn,
> den meine Seele liebt.
> Ich suchte ihn und fand ihn nicht.
> Aufstehen will ich, die Stadt durchstreifen,
> ihn suchen, den meine Seele liebt." (Hld 3, 1–2)

Die erste Strophe des „Geistlichen Gesanges", die ich hier in Prosa übersetze, lautet so:

> „Wo hast du dich verborgen,
> Geliebter, läßt mich allein mit meiner Klage!
> Wie der Hirsch bist du geflohen
> und hast mein Herz verwundet.
> Ich rief nach dir, doch du bist fortgegangen."
> (C 1)

Das ist die Gottsuche der Protagonistin „Seele", ist dem erwähnten „Nachtgedicht" ähnlich, das die Suche nach dem Geliebten, den Weg zu ihm, zum Inhalt hat. Im „Geistlichen Gesang" aber werden zunächst die Prüfungen der Trennung geschildert, die Mühen und Leiden, denen die Seele unterzogen wird und auf die sie mit wachsender Liebe antwortet. Dabei ist aber zu bedenken, daß der Geliebte nicht einfach entschwunden ist, sondern daß er sich „verborgen hält" – unsichtbar ist er nämlich anwesend und wacht über die Seele. Darum hört er ihre Klagen, vernimmt ihren Ruf: „Zeig doch endlich, wo du bist!" (wörtlich: „entdecke deine Gegenwart!" C 11,1), und läßt sich rühren von der Unbedingtheit dieses Liebens, das den Verborgenen im Herzen trägt. Die Strophe des Übergangs lautet:

> „O du kristallner Quell,
> wenn doch auf deinem stillen Angesicht
> erschiene silberhell
> ersehnter Augen Licht,
> das sich in meines Herzens Tiefe bricht!" (12)

Johannes zieht hier im 1. Vers eine Verbindungslinie zwischen „*krist*allen" und „*Christ*us", der rein und klar wie ein Kristall ist. Und die Seele sieht nun mit Christi Augen. Es wird vermutet, daß Johannes zu seiner Gleichsetzung von „Quell" und „Augen" durch ein arabisches oder hebräisches Beispiel angeregt wurde. Er konnte zwar beide Sprachen nicht, hatte aber, besonders in Andalusien, viele „Beichtkinder"; die Konvertiten aus arabischen und häufiger noch jüdischen Familien waren. Vielleicht entstammte er selbst einer solchen Familie, es gibt dafür Hinweise, aber nicht Beweise. Jedenfalls kennt die arabische Sprache die Bezeichnung der Quelle als „Auge des Wassers", „a'yn él mâ", und ähnlich im Hebräischen das gleiche Wort für Auge und Quelle: „ajin".

Der Ruf nach den Augen Christi, deren Blick auf Gottes Wahrheiten im Herzen mitvollzogen wird, hat dramatische Folgen. Gott/Christus „zeigt" sich, wird plötzlich als präsent erfahren. Johannes sagt das als guter Künstler nicht direkt, sondern indirekt durch die Wirkung. Die Braut ruft aus:

„Wende die Augen wieder ab,
sonst reißt es mich von hinnen!"

und sie fällt in eine Ekstase, die jene Merkmale auf-
weist, die man damals „Geistesflug" nannte. Keine
Levitation, sondern eine innere Erhebung aus dem
„fleischlichen" empor zum „geistlichen" Seelenteil,
so sah es die Psychologie der Epoche des Johannes,
und so beschreibt er es in der Erläuterung dieses
Verses. Er verweist dabei auf Teresa von Ávila, seine
Ordensmutter, die solche Dinge vorzüglich erklärte.
Teresa interessierte sich für mystische Phänomene,
weil sie ihr Zeichen einer Gottesbegegnung waren,
die eine innere Besserung des ganzen Menschen be-
wirkte, d. h., es kam nicht auf die Phänomene selbst
an, sondern auf ihre läuternde Wirkung (6 M 5, 10).
Teresa vergleicht das Emporgerissenwerden auch
dem Aufflammen des Feuers, ein dem Johannes besonders liebes Bild. Hier aber nimmt er den „Flug"
wörtlich und denkt an eine Taube, denn die Antwort
des göttlichen Bräutigams auf den erschrockenen
Ausruf der Braut ist:

„Mein Täubchen, komm zurück!" (C 13, 7)

Johannes bleibt in der Erläuterung nicht nur dieser,
sondern auch der folgenden Strophe noch beim Bild
der Taube, es war ihm also wichtig und nicht nur
Ausdruck konventioneller Zärtlichkeit. Er denkt an
die Arche Noachs, der sich die Taube mit dem Öl-
zweig nähert, die Friedenstaube. Und in seinem oft
ebenso überraschenden wie zart-humorvollen Realismus verbindet er die Vorstellung von den Wohnungen der Tiere auf der Arche mit den vielen
„Wohnungen" Gottes, die den Gläubigen im ewigen
Leben erwarten und die dem größten Werk der Te-

resa von Ávila, den „Wohnungen der inneren Burg",
das Grundsymbol und den Titel gaben.

Johannes braucht die Arche mit ihren Geschöpfen,
weil er in den folgenden beiden Strophen Bilder
bringen will, die scheinbar einer wunderbaren Na-
turpoesie zugehören. Und er will deutlich machen,
daß alle diese Bilder nicht Selbstzweck sind, sondern
der Erkenntnis und Verherrlichung Gottes dienen,
daß sie die einzig mögliche Beschreibung einer Erfahrung sind, die wie im „Geistesflug" das sinnlich
Schaubare ins geistlich-geistig Erfahrene und doch
nur Andeutbare erheben. Darum stellt er die Arche
diesen Strophen voran mitsamt der Taube, die wie
von oben, aus der Vogelschau, auf die Herrlichkeiten der Schöpfung zu blicken scheint, die ihre unsagbare Erfahrung verschlüsseln.

Interpretation

Die beiden Strophen, die näher betrachtet werden
sollen, lauten so:

„Mi Amado, las montañas,	a
los valles solitarios nemorosos,	B
las ínsulas extrañas,	a
los ríos sonorosos,	b
el silbo de los aires amorosos,	B
la noche sosegada	a
en par de los levantes de la aurora,	B
la música callada,	a
la soledad sonora,	b
la cena que recrea y enamora."	B

Prosaübersetzung (interlinear):

„Mein Geliebter, die Gebirge,
die stillen bewaldeten Täler,
die fremden Inseln,
die rauschenden Flüsse,
das Säuseln liebender Lüfte,

die friedevolle Nacht,
bereit für den Aufgang der Morgenröte,
die lautlose Musik,
die klingende Einsamkeit,
das Mahl, das Erquickung bringt und lieben
macht."

Die Verse müssen in Prosaübersetzung betrachtet werden, weil Johannes selbst sie auslegte und weil beim Heranziehen dieser Auslegung jede noch so geringfügige Abweichung vom Original störend wirkt. Aber vor dem Eingehen auf die inhaltliche Aussage sei doch die Form betrachtet, die ja in echter Lyrik nichts Äußerliches, sondern eine Intensivierung und Gliederung der Aussage mit Mitteln des Rhythmus und Klanges ist.

Wie im Gedicht von der dunklen Nacht hat Johannes die Liraform gewählt, also nicht die freirhythmischen Versikel des Hohenliedes, sondern die italienische Kunstform, die so geeignet ist für bild- und gedankenreiche Liebesdichtung. Das Reimschema aBabB verteilt sich auf Elfsilber (Großbuchstabe) und Siebensilber (Kleinbuchstabe), für deren Zählung das Spanische spezielle Regeln hat. Im Deutschen gibt man diese Verse besser durch jambische Drei- und Fünfheber wieder.

Sie erfordert, wie das Schema angibt, in jeder Strophe einmal zwei und einmal drei gleiche Reime. Hinzu kommt die Komplikation, daß die dreimal reimenden Verse von verschiedener Länge sind. Diese nach Garcilaso benannte Ausprägung der Lirastrophe ist in dem näher zu betrachtenden Beispiel auch inhaltlich an diesen Renaissancedichter und nicht an das Hohelied angepaßt, d.h. an die Wortwahl und Bildlichkeit seiner Liebesdichtung, jedoch ohne direkte Entlehnungen. Die persönliche Ausdrucksweise des Johannes vom Kreuz ist stärker als das nur gattungsmäßig einordnende Muster. Eine metrische Übersetzung ins Deutsche kommt nicht ohne sprachliche Zwänge aus, doch soll sie hier dennoch nicht unterlassen werden, um dem Hörer/Leser die expressive Form recht konkret werden zu lassen:

> Mein Liebster: Bergeshöh'n,
> das stille Tal, darin sich Wälder bauschen,
> die Inseln, fern und schön,
> der Flüsse mächtig Rauschen,
> der Lüfte Säuseln, wenn sie Liebe tauschen,
>
> der Nacht Gelassenheit,
> schon offen für der Morgenröte Steigen,
> klingende Einsamkeit,
> lautloser Töne Reigen,
> erquickend Mahl, das schenkt der Liebe Neigen.*

Man kann sich an diesen Versen auch ohne Erläuterungen freuen. Denn man ahnt, wie und wen die Seele liebt, so daß die von dem Dichter Juan den Strophen vorangestellte Erklärung wohl vertieft, nicht aber überrascht:

„Die Seele sieht und genießt in dieser göttlichen Einung die Fülle unermeßlicher Reichtümer, sie findet alle Ruhe und Erholung, die sie sich wünscht,

---

* Die beiden vorletzten Verse wurden des Reimes wegen vertauscht.

und sie versteht die unzugänglichen Geheimnisse
Gottes, eine Speise, die ihr besonders mundet. Sie
fühlt Gottes überwältigende Kraft und Stärke, vor
der jede andere Kraft und Stärke schwindet. Sie genießt die wundervolle Sanftheit und Beglückung des
Geistes, findet wahren Frieden und göttliches Licht
und freut sich sehr an der Weisheit Gottes, die in der
Harmonie der Schöpfungen und Taten Gottes aufleuchtet. Sie fühlt sich alles Guten voll und fern allem Bösen. Vor allem aber erkennt und genießt sie
den unschätzbaren Trank der Liebe*, der sie in ihrem
Lieben stärkt. Das ist im wesentlichen der Inhalt der
obigen Strophen." (C 14, 4)

Das ist die knappe Einführung des Johannes, der
nun zu den Strophen überleitet, indem er an ein
Wort des Franz von Assisi erinnert: „Dios mío y to-
das las cosas" (Deus meus et omnia) – „Mein Gott
und mein alles", das Franziskus als Formel des Her-
zensgebets ständig wiederholte. Ich vermute, daß Johannes durch dieses Wort auch zu seinem berühmten Gebet angeregt wurde, das beginnt mit „Mein
sind die Himmel, und mein ist die Erde" und das
meist zitiert wird bis zu „porque Cristo es mío y todo
para mí" (D 31) – „denn Christus ist mein und ist alles für mich."**

Dabei ist das „alles" ganz real zu nehmen, nicht als
eine überschwengliche Form des Redens. Denn die
Seele erfährt in ihrer Ekstase die Gutheit Gottes, die
alles Geschaffene unendlich übersteigt, aber doch
faßbar und aussagbar wird in der Gutheit der Ge-

---

* Wörtlich: refección, Imbiß der Liebe.
** Dieses schlichte Gebet, das deutsch in halsbrecherischen Übersetzungen vermittelt wird, findet sich als Nr. 26 im kostbaren „Autó-
grafo de Andújar", einer Anthologie von „Dichos" – „Sprüchen" –, die
Juan selbst zusammenstellte.

schöpfe. Sie sind gleichsam die dem ekstatischen Erkennen zugängliche Konkretion seiner Attribute, seiner „Herrlichkeiten", die in ihm eine Einheit bilden (vgl. C 14,5, ebenso L 3,3). Johannes vom Kreuz gibt also seinem Dichten, das Irdisches ins Göttliche überträgt, eine handfeste mystische Begründung. Dichten „a lo divino" ist nicht ein Notbehelf oder Vorwand: es enthüllt die Wahrheit des Seins. Johannes erklärt wörtlich:

„Wenn sich die Seele Gott so geeint hat, erfährt sie alles als Gott, wie es auch dem Evangelisten Johannes geschah, der da sagte: ‚In Ihm war das Leben; und das Leben war das Licht des Menschen' (Joh 1,4). Es ist also nicht so zu verstehen, als sehe die Seele die Geschöpfe in Gott oder im Lichte Gottes, sondern in diesem Geeintsein empfindet sie, wie ihr alles zu Gott geworden ist. Doch darf man nicht meinen, ihre Erfahrung sei so erhaben, daß sie Gott klar und wesenhaft schaue. Es ist nur eine starke Mitteilung voller Glanz und Fülle dessen, was er in sich (als solcher) ist, in der die Seele diese Vollendung der Dinge erlebt, die wir so in Versform ausdrücken können:

‚Mein Geliebter, die Gebirge'".

Johannes ersetzt hier das Wörtchen „ist" (in moderner Schreibweise) durch ein bloßes Komma, und selbst das könnte in diesem Telegrammstil noch fehlen, um die Innigkeit der nicht mehr unterscheidenden Erfahrung deutlich zu machen.

Schönheit

Bei diesem und dem folgenden Vers,

„die stillen bewaldeten Täler"

begnügt sich Johannes mit dem Hinweis auf die beglückende Schönheit von Berg und Tal und Wald, auf Duft und Blühen, die Gottes Herrlichkeit fühlen lassen. Ja, er betont das Gefühl, ist er doch mit „Schönheit" bei dem Attribut Gottes, das er am häufigsten und liebsten nennt, intensivster Ausdruck seiner Herrlichkeit!

Gottes Schönheit ist für Johannes ein Wort für unendliches, „übernatürliches" Wesen, das alles Gute mit einem beglückenden „Mehr" übersteigt. Dieser Überstieg, der das wahre Wesen Gottes ausmacht, kommt durch die Menschwerdung des Sohnes als Schönheit in die Schöpfung. Johannes sagt es in der fünften Strophe des „Geistlichen Gesanges":

„Als Gott die Dinge ansah, verlieh er ihnen nicht nur Sein und natürliche Gaben, sondern er kleidete sie auch in Schönheit, in die Schönheit des übernatürlichen Seins des Sohnes, seines übernatürlichen Abbildes. Denn in diesem erhob er das Menschsein zu göttlicher Schönheit, die sich in ihm der ganzen Schöpfung mitteilte, da sie im Menschen der Natur geeint war. Deshalb sagte der Gottessohn selbst: ‚Und ich, wenn ich über die Erde erhöht bin, werde alles zu mir ziehen' (Joh 12,32). In dieser Erhöhung des menschgewordenen Sohnes und in der Herrlichkeit seiner leiblichen Auferstehung hat Gott die Kreaturen nicht nur ein wenig verschönt, sondern sie gänzlich, so dürfen wir sagen, mit Schönheit und Würde bekleidet" (C 5,4).

Für Johannes, den Dichter, den Künstler, ist die Sehnsucht nach der mystischen Gotteinung immer auch ein Hoffen auf die Erfahrung von Schönheit. Die Verwandlung in Liebe hat Schönheit zum Zeichen. In der Erläuterung zur folgenden Strophe sagt die Braut:

„Wir wollen uns so sehr lieben, daß wir uns dereinst im ewigen Leben in deiner Schönheit schauen. Dafür muß ich verwandelt werden, daß ich schön bin wie du, beschenkt mit Deiner Schönheit" (C 36,5). Darum müssen auch

„die fremden Inseln"

schön sein, denn sie meinen, wie Johannes erläutert, in ganz besonderer Weise Gottes Transzendenz. Johannes gebraucht nicht dieses Wort, aber er hebt hervor: alles, was die Seele von Gott erfährt, ist ungeahnt neu und unvorhersehbar, weil Gottes unendliches Wesen sich niemals erschöpft. Im ewigen Leben gibt es keine Langeweile.

Gottes vielen „Wohnungen" für den Menschen entspricht auch die unendliche Fülle seiner Attribute, die in IHM eins sind, für das menschliche Verstehen aber in ihre Besonderheiten aufgeteilt werden, bis die mystische Erfahrung dann in der Vielheit auch die Einheit erkennt (vgl. L 3,2).

Eine längere Betrachtung widmet Johannes den Flüssen:

„Die rauschenden Flüsse"

sind stark, sie schwemmen Unreines hinweg, sie füllen und erfüllen jede Leere, stillen Hunger und Durst. Vor allem aber ist ihr tiefes Rauschen wichtig. So rauschte einst der Heilige Geist auf die Apostel, wenn auch das Brausen vom Himmel herabkam (Apg 2,2). Sturm und Strom werden eins für Juan, der damit die mächtige Wirkung des Kommens Gottes in der Seele aussprechen möchte; um sie dann in

Kontrast zu setzen mit Gottes anderer Art der Ankunft, wie es der Prophet Elija erfuhr, auf den sich der Orden der Karmeliten als seinen mythischen Begründer bezieht. Denn Elija vernahm Gott nicht im Sturm, sondern im sanften Säuseln der Lüfte.

Es ist eine der schönsten Bibelstellen: „Ein starker, heftiger Sturm, der die Berge zerriß und die Felsen zerbrach, ging dem Herrn voraus. Doch der Herr war nicht im Sturm. Nach dem Sturm kam ein Erdbeben. Doch der Herr war nicht im Erdbeben. Nach dem Beben kam ein Feuer. Doch der Herr war nicht im Feuer. Nach dem Feuer kam ein sanftes, leises Säuseln. Als Elija es hörte, hüllte er sein Gesicht in den Mantel, trat hinaus und stellte sich an den Eingang der Höhle" (1 Kön 19, 11–13).

Von dieser Gotteserfahrung des Propheten Elija spricht Johannes vom Kreuz in seinem Prosawerk siebenmal, sie war ihm gleichbedeutend mit dem Vorgang der Kontemplation. Und Kontemplation war für ihn, das möchte ich hier kurz andeuten, weniger eine höhere Gebetsart als vielmehr die existentielle Verwandlung des „alten Adam" in einen freien, gottfähigen Menschen, in dem Gott selbst das Werk der Liebe vollendet, das beide eint.

Die notwendige Verwandlung erklärt den breiten Raum, den Johannes für

„das Säuseln liebender Lüfte"

braucht. Gott berührt hier die Seele in ihrer Substanz, in ihrem tiefsten Grunde (vgl. C 14, 12). Sie erfaßt dabei gefühlsmäßig etwas von seinem Wesen, dieses Verstehen ist „das Ohr des Geistes", wie Johannes es verbildlicht (C 14, 15).

Was hier verstanden wird, ist die Wahrheit des geoffenbarten Glaubens, wie er in der Heiligen Schrift

zugleich zugänglich und voller Geheimnis ist. Das
Verstehen durch die göttliche Berührung im Seelengrund geschieht ohne Worte oder bildhafte Vorstellungen, also ohne Vermittlung der Sinne, in einer
direkten geistigen Weise, die das normale menschliche Erkennen und Verstehen übersteigt. Darum ist
es zugleich hell und dunkel, „ein Strahl der Finsternis", wie Johannes im Anschluß an den griechischen
Kirchenvater Dionysius Areopagita sagt, dessen
Werk „Theologia mystica" grundlegend für die
christliche Mystik wurde. *

Elija verhüllte sein Antlitz, weil der Mensch des
Erdenlebens Gott nicht ansehen kann. Er würde an
der Überwältigung sterben. Oder – wie Johannes es
breit in seinen beiden ersten Werken „Aufstieg zum
Berge Karmel" und „Dunkle Nacht" ausführt – Gottes Licht blendet ihn so, daß es ihm wie dichtes Dunkel oder wie Nacht erscheint. Wobei Johannes
hervorhebt, daß Nacht eine mildere Art von Dunkelheit sei, denn in ihr könne man immer noch ein wenig sehen. Das gilt besonders für die „Nacht" oder
„Nachtphase", die der Unio mystica vorausgeht und
die deshalb auch „mystische Verlobung" genannt
wird. Sie läutert bis ins tiefste Unbewußte hinein, insofern ist sie besonders dunkel. Aber Gott in seiner
Barmherzigkeit durchbricht immer wieder das Dunkel mit Erfahrungen eines relativen Lichts, eines
dämmernden Halbdunkels, wie es für irdische Augen erträglich ist. Und da Johannes in den beiden
hier zu betrachtenden Strophen eine solche bräutli-
che Aufhellungsphase darstellt, ist auch diese Nacht
„sosegada", ruhig, friedvoll, gelassen, was bedeutet:
eine göttlich erhellte Nacht, weshalb Johannes sie

---

* Strahl der Finsternis: vgl. c. 1: Migne, PG 3, 999.

mit der Schötheit der Morgenröte verbindet, mit dem Tag der Ewigkeit, zu dem sie hinführt:

> „der Nacht Gelassenheit,
> bereit für den Aufgang der Morgenröte".

„Der menschliche Geist", erklärt Johannes hier, wird aus der Finsternis der natürlichen Erkenntnis zur Morgendämmerung übernatürlicher Erkenntnis Gottes erhoben" (C 15,23). Das darf man sich aber nicht zu intellektuell vorstellen. Es betrifft den ganzen auf Gott ausgerichteten und nur insofern „geistigen" Menschen. Johannes zieht Vergleiche heran: „Es ist, als wenn jemand aus langem Schlaf erwacht zu dem Licht, das ihn überrascht" (C 15,24), und er zitiert Psalm 102 nach der Vulgata: „Ich erwachte und fand mich gleich dem einsamen Vogel auf dem Dach" (Ps 102,8). Johannes interpretiert das als ein Verstehen über allem natürlichen Verstehen, und er gibt nun ausführlich an, welche Eigenschaften dieser einsame Vogel haben muß.

Einsamer Vogel und lautlose Musik

Damit tut Johannes etwas, was Wissenschaftler in aller Welt nach einer Erklärung seiner literarischen Quelle suchen läßt. Es ist nämlich ganz eindeutig ein islamischer Vogel! Allgemein läßt sich zwar einwenden, daß der Vogel, dieses Himmelstier, in aller Mystik eine Rolle spielt. Christlich bei Bernhard von Clairvaux, Bonaventura, Ramon Llull, Laredo, um nur eine Auswahl zu nennen. Islamisch bei Arabern und Persern, deren Namen hier aufzuzählen langwierig und wenig nützlich wäre. Nur einer sei genannt: der Perser Suhrawardī oder Sihāb al-Dīn Yaḥyā ibn Ḥabas ibn Amīrak al-Suhrawardī, geboren

1153 und auch al-Maqtūl genannt, „der zum Tode
Verurteilte" – ein auch im islamischen Raum nicht
seltenes Mystikerschicksal.

Dieser Perser ist zu nennen, weil er einen Traktat
schrieb über die „Sprache der Wahrheit oder den Vogel" und weil dieser Wahrheitsvogel genau die fünf
Eigenschaften hat, die auch Johannes vom Kreuz
aufzählt – Eigenschaften, die sich nicht selbstver-
ständlich aus dem Vogelsein ergeben. Also nicht
nur: er fliegt am höchsten, und er singt lieblich, sondern auch: er ist einsam, er dreht den Schnabel in
Windrichtung – des göttlichen Windes, den auch der
Islam kennt –, und er hat keine bestimmbare Farbe,
er ist zugleich farblos und dunkel. Mit letzterem
meint Johannes den „Abgrund der Gotteserkenntnis,
die er besitzt", so heißt es wörtlich und bedeutet:
Gott teilt sich mit, gibt sich kund in jener erwähnten,
alles Bekannte und Ausmachbare übersteigenden
Weise, die sowohl bei Johannes wie bei den islamischen Mystikern, den Sufis, als eine „dunkle Kundgabe und Kenntnisnahme" (oscura noticia) bezeichnet wird.*

Für unsere eigene „Kenntnisnahme" bleibt dunkel,
wie Johannes vom Kreuz an diese islamische Quelle
kam. Von Übersetzungen ist nichts bekannt, man
kann aber annehmen, daß diese Vogeltradition weit
verbreitet war, viele Spuren deuten darauf hin. Auch
bei Teresa von Ávila finden sich manchmal Sufi-Be-
züge, die sich nicht erklären lassen. Man gab in jener
Zeit, schon wegen der Inquisition, nur selten Zitate
an. Für Johannes ist es zudem ganz typisch, daß er
unbekümmert bald dieses, bald jenes Vorbild benutzt. Die zuvor zitierte Strophe mit dem Bild der

---

* Vgl. *Luce Baralt,* Huellas, S. 59–72.

Quelle arabischen Ursprungs ließe sich z. B. durch andere Quellbilder ergänzen, die auf die rheinisch-flämische Mystik verweisen.* Man muß bei Juan darauf gefaßt sein, daß er sich in einem Atemzug etwa auf Tauler und auf Algazel bezieht – das alles bietet reichlich Stoff für wissenschaftliche Forschung und nützt doch wenig, denn es ist nur Material für die Übertragung, die Ausdeutung.

Johannes war auf den einsamen, farblosen Vogel durch die weder dunkle noch helle Nacht, die Nacht der Kontemplation oder Gottespräsenz, gekommen. Vom Visuellen schreitet er nun fort zum Auditiven:

> „die lautlose Musik,
> die klingende Einsamkeit".

„Música callada", wie es im Spanischen zum geflügelten Wort wurde. Im Deutschen findet man meist die Übersetzung „schweigende Musik", was mißverständlich ist, denn eine Musik, die schweigt, hat aufgehört zu spielen oder zu tönen, und die manchmal auch genannte „verschwiegene Musik" trifft das Gemeinte noch weniger. Die lautlose Musik dagegen spielt unhörbar, ähnlich der Sphärenharmonie,** mit der sie Johannes auch tatsächlich vergleicht. Aber, so unterstreicht er, sie ist viel mehr als diese, weil nicht nur die Planeten, die Geschöpfe, dieses Lied singen, sondern weil Gott selbst in diesem Musizieren unhörbar gehört wird. Johannes erläutert hier seine Ly-

---

* Das Gedicht „Qué bien sé yo la fonte".
** Sphärenharmonie: die antik-mittelalterliche Lehre vom unhörbaren Zusammenklang der durch Maß und Zahl harmonisch geordneten Planetenbewegungen und -abstände, die man sich analog den musikalischen Konsonanzen dachte. Die Renaissance, die mit ihren A-cappella-Chören die Harmonie zum leitenden Prinzip erhob, übertrug diese Lehre symbolisch auf alle Verhältnisse der Schöpfung.

rik in einer Prosa, die selber lyrisch ist und in der
wieder das die Allegorie an Tiefe übertreffende Symbol wirksam ist:

„In der Ruhe und Stille der Nacht und im Wahrnehmen jenes göttlichen Lichtes gelangt die Seele
zur Erkenntnis einer wunderbaren Ordnung der
Weisheit, die in alle Unterschiede der Geschöpfe
und ihres Wirkens Übereinstimmungen legte, die jedes einzelne und alle zusammen in eine gewisse Ent-
sprechung zu Gott bringen; so daß jedes in seiner
Weise aufklingen läßt, was Gott in ihm ist. Dadurch
entsteht eine Harmonie vollkommenster Musik, die
alle Melodien und Zusammenklänge der Welt übersteigt. Die Seele nennt das lautlose Musik, weil sie
sich abspielt im stillen und ruhigen Geiste, ohne den
Klang von Stimmen, so daß man zugleich das tiefe
Schweigen und die Lieblichkeit der Musik genießt.
Darum sagt die Seele auch von ihrem Geliebten, er
sei lautlose Musik, denn in ihm vernimmt sie beglückt diese Harmonie geistigen Musizierens.

Und nicht nur das: er ist auch klingende Einsamkeit. Das ist fast das gleiche wie lautlose Musik,
denn wenn diese Musik auch lautlos für die Sinne
und die natürlichen Vermögen ist, handelt es sich für
die geistigen Seelenkräfte doch um eine sehr klang-
volle Einsamkeit, weil, geleert von allen Formen ich-
süchtiger Verhaftung, die Vollkommenheit Gottes
und seiner Schöpfung mächtig im Geiste widerhallt.
Entsprechendes erfuhr auch der heilige Johannes in
der Apokalypse. Wenn er nämlich von vielen Leier-
spielern sprach, die ihre Leiern schlugen (vgl. Offb
14, 2), so geschah das auf geistigen und nicht auf ma-
teriellen Kitharas und drückt ein Ahnen jener Lobge-
sänge aus, die Gott zu Ehren in der Ewigkeit
erklingen, von jedem Seligen nach seiner Weise und
doch mit allen gesungen. Das ist wie Musik, weil

jede Stimme selbständig geführt wird zum Lobe Gottes und dabei alle in Liebe harmonisch zusammen-
klingen, ganz wie in der Musik. Und weil die Seele
dieses geistige Musizieren nicht ohne Einsamkeit
und Fernsein von Äußerlichem wahrnehmen kann,
nennt sie es lautlose Musik und klingende Einsamkeit. Eben dieses, so sagt sie, sei ihr Geliebter."
(C 15, 25–27)

Johannes sagt „Kithara", was das gleiche ist wie
Leier, nämlich Lyra, das namengebende Instrument
der Lyrik und seiner hier verwendeten Strophe.
Wir sind durch die deutschen Übersetzungen in
der Offenbarung an „Harfen" gewöhnt, aber die
Harfe ist ein anderes Instrument, nicht so urtüm-
lich wie die Leier, bei der der Resonanzkörper parallel zu den Saiten verläuft, weil man ursprünglich
die Schale einer Schildkröte bespannt hatte. Bei der
nördlicheren Harfe befindet sich der Resonanzkörper unterhalb der Saiten. Der Gott Apollon jedenfalls schlug die Leier, die Kithara, das lyrische Instrument, das der Dichter Juan de la Cruz hier im
Sinne hat und seinen „Lirastrophen" („Leierstro-
phen") einfügt.

Auch mit der Erläuterung des letzten Verses
schließt er an die Apokalypse an. Das Mahl, das Erquickung und Liebe bringt, ist eine Gabe Christi, mit
der er seine eigene auferstandene Glückseligkeit der
Gotteinung mitteilt. So versteht Johannes das Wort
aus der Offenbarung: „Ich stehe vor der Tür und
klopfe an. Wer meine Stimme hört und die Tür öff-
net, bei dem werde ich eintreten, und wir werden
Mahl halten, ich mit ihm und er mit mir" (Offb 3, 20).
Juan sagt realistisch: „Der Bräutigam bringt das
Abendessen mit, was nichts anderes ist als das Glück
und die Freude, die er selbst genießt und die er der
Seele mitteilt, wenn er sich mit ihr vereint" (C 15, 29).

Damit schließt sich der Kreis, der mit der Romanze von der Bestimmung der „Braut" begann:

> „und sie soll an unsrem Tische
> essen dein Brot und das meine"
> (vgl. S. 20 u. 87).

Immer wieder vermittelt Juans Dichtung Gottes Wort, verweist sie auf Jesus Christus als das Wort Gottes. Er ist der Geliebte nicht nur des „Geistlichen Gesanges", er ist das Wort und die göttliche Weisheit, die Juans Leben und Dichten bestimmen. Für Johannes vom Kreuz liegen in den Worten eines Gedichts unergründliche Geheimnisse beschlossen, sind unter ihnen unermeßliche Schätze zu heben. Dichtung, Lyrik als wirkende, aktualisierte Harmonie unter Gott und seinem ihm entsprechenden Geschöpf! Hans-Urs von Balthasar hat dies in unübertrefflicher Klarheit ausgedrückt. Es ist nachzulesen im 2. Buch seines 2. Bandes von „Herrlichkeit" und soll diese Interpretation beschließen:

„Johannes vom Kreuz weist in einer einzigartig bedeutsamen Art auf den Charakter des Gotteswortes selber zurück, das weder selbst einfache Prosa ist noch in solche adäquat umgesetzt werden kann, in dessen Einfalt vielmehr, wie der Sinn im unerschöpflichen Symbol, die Fülle der Gottheit leibhaftig wohnt" (a.a.O., S. 531).

5. Eine Wohnung für Gott

Der mystische Weg bei Teresa von Ávila und Johannes vom Kreuz

Teresa von Ávila und Johannes vom Kreuz, die beiden großen Mystiker der karmelitischen Reform im Spanien des 16. Jahrhunderts, werden heute gern wieder gelesen. Man möchte sie befragen nach ihrer kontemplativen Lehre, nach ihrer Erfahrung des mystischen Wegs. Wurden sie doch gerade auch in unserem Jahrhundert zu Kirchenlehrern ernannt, zuerst Johannes, dann Teresa.

Und ein jeder von ihnen hat heute seine Fans – wenn auch keine Clubs, so doch die Tendenz bei den meist fein gearteten Anhängern, für ihren Mystiker – ihre Mystikerin – zu werben. Das mag daran liegen, daß die Werke beider so ähnlich und doch so verschieden sind, so wie auch diese beiden entscheidenden Persönlichkeiten der spanischen Spiritualität durch ihre gemeinsame Aufgabe einander nah, durch ihre wesensmäßigen Gegensätze einander fern waren.

Betrachtet man ihr reales Verhältnis zueinander, so kann man sagen, daß zunächst der um 27 Jahre jüngere Johannes von der Ordensmutter Teresa lernte, später aber, als er jahrelang ihr Beichtvater war, konnte auch sie von ihm manches übernehmen. Sie nannte ihn „Eure Paternität", er sagte gern „meine Tochter". Dennoch ist die Frage ganz konkreten Einflusses des einen auf den anderen bis heute recht ungeklärt. Das liegt u. a. an der verschiedenen Entstehungszeit ihrer Werke; Johannes begann zu schreiben, als Teresa praktisch damit aufgehört hatte, ja, das eigentliche große Prosawerk des Juan de la Cruz begann erst im Todesjahr der Teresa. Aber manchmal kann man sehr deutlich sehen, daß sich Johannes auf Teresa bezieht, nicht nur, wenn er direkt auf sie verweist, wenn es sich um Erklärung mystischer Phänomene handelt, die er selbst lieber mit Warnungen als mit Erläuterungen versah, sondern auch dann, wenn bestimmte Bilder von ihm mit charakteristischen Details übernommen werden.

So ist es mit dem Bild der Wohnungen, wenn sie auch bei beiden auf das Christuswort: „Im Hause meines Vaters sind viele Wohnungen" (Joh 14,2) zurückgehen. Der Titel dieses Vortrags, „Eine Wohnung für Gott", ist Teresas größtem und alle ihre Gedanken zusammenfassendem Werk „Die Wohnungen der inneren Burg" entnommen (7 M 1,5).

Bei Johannes häufen sich die Ausdrücke „Wohnung" und „wohnen" in seinem ebenfalls letzten Werk, der „Lebendigen Flamme der Liebe". Dieses Werk zeigt auch sonst Anregungen aus Teresas „Innerer Burg". Oder hatte Teresa mit Johannes zuvor ähnliches besprochen? Wir wissen es nicht.

Sowohl Teresa wie Johannes vertreten eine auf der Bibel basierende, um Christus zentrierte Mystik. Ihre häufigen Zitate entspringen sowohl einem persönlichen engen Bezug zur Heiligen Schrift wie auch der Notwendigkeit, sich gegen die Inquisition abzusichern. Was die „Wohnungen" betrifft, so führen beide, und Johannes noch öfter, ein Christuswort aus dem Johannesevangelium an, das sehr deutlich macht, um was es ihnen geht:

„Ich bin in meinem Vater, ihr seid in mir, und ich bin in euch. (...) Wenn jemand mich liebt, wird er an meinem Wort festhalten; mein Vater wird ihn lieben, und wir werden zu ihm kommen und bei ihm wohnen" (Joh 14, 20 und 23).

Teresa von Ávila

Teresa bereitet es eine gewisse Schwierigkeit, daß die Wohnungen zum einen im Hause des Vaters sind, was sie als transzendent empfindet; und auf der anderen Seite in ihrem eigenen Inneren, so daß sie erschrocken fragt, ob es denn zwei Himmel gäbe. Aber das ist nur ein momentanes Erschrecken. Probleme, die Johannes als Theologe löst, beseitigt bei Teresa die Intuition, von der ihr vortrefflich arbeitender Verstand verläßlich begleitet wird. Sie selbst bittet den Heiligen Geist um Beistand, als sie 1577 das Werk von den Wohnungen zu schreiben beginnt.

Ihre Burg hat freilich ein ungewöhnliches und paradoxes Aussehen, klar und kompakt zugleich. Teresa schildert das so:

„Als ich heute den Herrn anflehte, daß er durch mich reden möge, weil ich weder wußte, wie das mir aufgetragene Werk beginnen, noch überhaupt, was ich sagen sollte, bot sich mir an, wovon ich jetzt ausgehen möchte. Wir müssen uns unsere Seele als eine Burg vorstellen, die einem Diamanten oder einem sehr klaren Kristall gleicht. Darin gibt es viele Wohnungen, so wie ja auch der Himmel viele Wohnungen hat. (...) Ich finde nichts, womit ich die große Schönheit und Weite der Seele vergleichen könnte, reicht doch auch unser noch so scharfer Verstand nicht aus, sie zu begreifen – so wie ja auch Gott unerkennbar ist. Sagte er doch, daß er uns schuf nach seinem Bild und Gleichnis. (...) Ihr dürft euch diese Wohnungen nicht eine hinter der anderen aufgereiht denken. Richtet vielmehr eure Augen auf die Mitte, wo sich der Palast oder das Gemach befindet, in dem der König weilt, und denkt euch das Ganze wie eine Zwergpalme, deren schmackhaftes Herz von vielen Blättern umhüllt ist. Ebenso liegen viele Wohnungen rund um das Gemach der Mitte und auch darüber. Denn die seelischen Dinge muß man sich immer in Fülle, Weite und Größe vorstellen" (1 M 1,1; 2,8).

Die Siebenzahl der Wohnungen spielt dabei keine so wesentliche Rolle, denn sie wird von Teresa selbst sogleich relativiert: jede Wohnung umschließt nach allen Richtungen weitere, ja, man soll sich bei der Bezeichnung „Wohnung" nicht einige wenige Zimmer vorstellen, sondern „eine Million" von Gemächern (1 M 1,12), eine unendliche Zahl also, die vielleicht des Symbols der heilig-magischen Sieben bedarf. An dieser Unbestimmtheit scheiterten auch die bisherigen Versuche des Nachweises einer eindeutigen Quelle für Teresas Zahlensymbolik. Das Gleiche gilt für die „Burg": die Versuche der Erklärung ihrer Herkunft beginnen beim Alten Testament und reichen über Meister Eckart und die spanischen Franziskaner bis hin zur islamischen Sufimystik.

Die Burg, Symbol der menschlichen Seele und Sitz Gottes, Symbol einer Seele, die nach Gottes Bild und Gleichnis geschaffen wurde, ist nicht nur wegen der unendlichen Zahl ihrer Gemächer schwer vorstellbar. Teresa überblendet dieses Bild mit anderen, um dem Bedeutungsreichtum gerecht zu werden. Zu den schon erwähnten Vergleichen mit einem Diamanten, einem Kristall, einer Zwergpalme (palmito) gesellt sich das Doppelbild einer orientalischen Perle, in deren Mitte ein Quell entspringt. Darin wurzelt der Baum des Lebens. Oder dieses Symbol: in der Mitte der Burg erstrahlt Gottes Herrlichkeit als Sonne, aber durch die Sünden der Seele herrscht bei ihrem Eintritt in die Burg tiefe Finsternis, denn die ersten Räume sind von „Schlangen und Otterngezücht" erfüllt. Darum muß nun zunächst eine gründliche Läuterungsarbeit geleistet werden, die Teresa bestimmt als eine Umkehr, als ein inneres Unmöglichwerden von Todsünden. Voraussetzung ist Selbsterkenntnis, die am fruchtbarsten sein wird, wenn man den Blick auf Christus richtet.

Mystische Psychologie

Es ist nun Aufgabe der Seele, paradoxerweise in sich selbst einzutreten und den Weg durch sich selbst zu gehen. Wir würden heute sagen: ein Bewußtwerdungsprozeß. Aber dieser Prozeß ist nur in Zusammenarbeit mit Gott zu leisten. Die Pforte, durch die man in die Burg, also auf den mystischen Weg gelangt, ist, so sagt Teresa, das Gebet. Und infolgedessen ist auch jede der symbolischen sieben Wohnungen eine Stufung von Gebetsweisen, die sich unter Einschluß der Unio mystica auf vier reduzieren.

Von Anfang an jedoch wird die Seele auf ihrem Wege von Gott gleichsam gerufen und gezogen. In den ersten drei Wohnungen auf natürliche Weise, wie Teresa sagt, indem der Ruf Gottes sie durch so alltägliche Mittel wie Bibellektüre, Worte anderer Menschen, Meditation, Krankheiten, Schicksalsschläge erreicht, kurz, durch alles, was nachdenklich macht, zu Besinnung und Umkehr aufruft. Der Prozeß beginnt mit einer Loslösung von weltlichen Verhaftungen und mit einer wachsenden Konzentration auf Gott, der in den genannten natürlichen Dingen geahnt und gesucht wird, so daß die ersten drei Wohnungen als „Gebet der Sammlung" bezeichnet werden; d. h. meditative Sammlung, Konzentration auf Gott, wie er uns durch Jesus Christus zugänglich geworden ist.

Ganz entscheidend ist für Teresa ihr Leben lang die Freundschaft mit Christus, wie sie es nennt. Der innere Dialog, der auch noch im Schweigen der höheren Gebetsstufen geführt wird, ja, in ihm erst recht! Der ganze mystische Weg ist so ein „Dialog", das heißt, er wird mit Jesus Christus gegangen. Darum beginnt die Gotteinung im Grunde schon mit dem ersten Schritt, ebenso wie andererseits die Läuterungen bis in die Gotteinung hineinreichen. Teresa spricht noch in der Erfüllung der siebenten Wohnung von Kreuz und Buße, wenn auch die Art des auferlegten Kreuzes und der Buße sich wandeln, wandeln müssen, weil die Seele verwandelt wurde.

Aus der Bindung an die Freiheit Gottes und aus Gottes Achtung vor der Freiheit der nach seinem Bilde geschaffenen Seele ergibt sich, und Teresa macht das immer wieder sehr deutlich, daß trotz des Gerüstes der sieben Wohnungen oder vier Gebetsstufen der Weg in verschiedener, individueller Weise gegangen werden kann und muß. Es gibt in diesen Wohnungen nicht nur ein Oben und Unten, Rechts und Links, es gibt auch ein Vor und Zurück, oder ein Überspringen. Das ist das Neuzeitliche an dieser Mystik, daß sie zeigt, wie Gott sich der Individualität anpaßt, wie er sich ihr in vielfältiger Weise mitteilt (vgl. 6 M, 10). Das Bild der Burg bedeutet also: Sie ist die Seele, sie ist aber auch Gott, der sie erwartet, lenkt, begleitet und durchstrahlt.

Teresas Protagonistin ist die Einzelseele mit ihren Möglichkeiten und Fehlern. Die Heilige schreibt aus anthropologischer und ethischer Sicht, die ermöglicht wird durch ihre ungeheure Fähigkeit zu psychologischer Beobachtung und Anleitung. Ihre Psychologie des christlichen Lebens, wenn ich so sagen darf, ist bis zum heutigen Tage unüberholt und vermutlich auch unüberholbar. Dabei ist für Teresa das Fundament der Entwicklung Selbsterkenntnis und Demut. Vor allem Demut, die aus der Erkenntnis der Größe Gottes resultiert. Das bewußte Ertragen der Spannung zwischen Mensch und Gott ist „Wandeln in der Wahrheit" (6 M 10,8), wie schon der heilige Bernhard von Clairvaux sagte*.

Wenn also der ganze Weg mit Gott, mit Christus gegangen wird, wenn er mit einer partiellen Unio mystica einsetzt und seine Läuterungen nie enden, so ist die Frage, ob es überhaupt eine Gliederung gibt; und weiterhin, ob und wie der klassisch-neuplatonische Weg der dreifachen Stufung in Läuterung, Erleuchtung und Unio noch Gültigkeit haben kann. Die vier Gebetsstufen, die den sieben Wohnungen der inneren Burg eine klare Struktur verschaffen, sind das schon erwähnte Gebet der Sammlung, weiter das Gebet der Ruhe, das mit der vierten Wohnung identisch ist, und das Gebet der Einung, das in der fünften Wohnung beginnt und in der siebten Wohnung der Unio mystica seine entscheidende und unterscheidende Vollendung findet. Bei Aufhebung des Unterschieds läßt sich eine Parallele zum klassischen Dreierschema herstellen.

Qualitätssprung

Wenn man von der Unio mystica absieht, zumal auch diese nicht plötzlich, sondern allmählich erreicht wird, gibt es auf diesem mit Christus zu gehenden Weg nur einen tiefen Einschnitt: der ge-

---

* De gradibus humilitatis et superbiae, 26.

schieht in der vierten Wohnung durch die Verlagerung der Aktivität von „der Seele" auf Gott. Die Seele beginnt, ihm ihre Fähigkeiten zu übergeben, das Beten mit überwiegend natürlichen Kräften wird durch Gottes Wirken im Innern abgelöst, woraus tiefe Ruhe hervorgeht. Durch dieses Sich-Lassen verändert sich sprungartig die Qualität des Gebets und damit des mystischen Wegs.

In ihren früheren Werken, vor allem in der Autobiographie, hat Teresa den Weg zu Gott kontinuierlicher dargestellt, nämlich in Gleichnissen der Wassergewinnung, also von Brunnen über Bach bis Regen, die die wachsende Aktivität Gottes symbolisieren, denen eine abnehmende Aktivität des Menschen entspricht. Auch die vierte Wohnung der inneren Burg arbeitet mit einem Wassergleichnis. Teresa spricht hier von zwei Brunnenbecken: das erste empfängt sein Wasser durch ein kompliziertes und gewissermaßen mühsames Röhrensystem, während im zweiten ein Quell lebendig sprudelt. Diese beiden Brunnenbecken versinnbildlichen den Überstieg vom Gebet der Sammlung zum Gebet der Ruhe oder, wie Teresa auch sagt, von der Meditation zur Kontemplation.

Nach Auffassung ihrer Epoche ist das ein Wechsel vom Denken zum Nicht-Denken, vom Wort zum auch innerlich wort- und bildlosen Schweigen. Und da der geistige Mensch nach der Anthropologie ihrer Zeit sich aus Verstand, Wille und Gedächtnis zusammensetzt, müßte man wegen des kennzeichnenden inneren Schweigens meinen, daß nun zuerst der Verstand eine Veränderung erfährt. Aber dem ist nicht so. Teresa sieht, daß der Mensch wesentlicher als vom Verstande vom Willen bestimmt ist, der auch alle Gefühlswerte, insbesondere die der Neigung und Liebe beinhaltet. Darum wird für Teresa der entscheidende Schritt in das „Gebet der Ruhe", also in die Kontemplation, durch die Übergabe des Willens an Gott eingeleitet. Dann wird der Wille die anderen Seelenkräfte nach sich ziehen, wenn auch noch nicht ganz und sofort. Teresa betont schon hier in der vierten Wohnung, daß in diesem Werk des Geistes der am meisten tut, der am wenigsten denkt und tun will (vgl. 4 M, 3,5).

Dafür wächst nun Gottes Aktivität. Sein Ruf ist jetzt ein „übernatürlicher" geworden, Teresa nennt es „das liebliche Flöten des Hirten". Es ist so, „als würde man sanft in das Innere gezogen". Das erfahren nur Menschen, die schon begonnen haben, „den Dingen der Welt den Abschied zu geben", was, so sagt die immer liebevolle und kompromißbereite Teresa, für die Ordensleute gilt. Bei Weltleuten, meint sie, täte es schon die Sehnsucht. Wie überhaupt Teresa immer wieder betont, daß keine starren Regeln gelten. Sobald der Wille Gott übergeben ist und von ihm gelenkt wird, hat er zu schon recht tiefer Ruhe gefunden, wobei ihn allerdings das Umherschwirren der Gedanken verdrießt. Er sollte sich nicht um sie kümmern, da er sonst viel von dem verlieren würde, was er genießt. Die Seele weiß nun ohnehin, daß es „nicht darauf ankommt, viel zu denken, sondern viel zu lieben" (4 M 1,7).

Natürlich liegt die Vermutung nahe, daß mit dem Wechsel von der Meditation zur Kontemplation, mit diesem Einströmen der Wirkungen Gottes, die Phase der Erleuchtung begonnen hat. Aber nicht so, daß etwa der Verstand mehr erkenne, im Gegenteil: „Der Verstand sieht sich in seine Grenzen verwiesen, er muß einsehen, daß er nicht verstehen kann, was er verstehen möchte. Und so bewegt er sich von einem Ende zum anderen wie ein haltloser Narr" (4 M 3,8). Im Grunde ist das schon eine beginnende Modifizierung oder Verwandlung der drei Seelenkräfte Verstand, Wille, Gedächtnis (die nach der Anthropologie der Zeit den geistigen Menschen ausmachen); wenn auch allein der Wille schon Gott ganz übergeben ist. Aber man sieht andererseits den Zusammenhang, denn die drei Vermögen lassen sich ebensowenig voneinander scheiden wie etwa die Personen der göttlichen Dreifaltigkeit, das wird später bei Johannes vom Kreuz noch deutlicher werden.

In der vierten Wohnung hören die Läuterungen nicht etwa auf. Im Gegenteil, sie wirken nun in neuer und stärkerer Weise, wie die 5. und 6. Wohnung erkennen lassen. In der 5. Wohnung werden einerseits die inneren Vermögen in einen „Seelenschlaf" versetzt, der von Teresa auch als „lieblicher Tod" bezeichnet wird. Das meint: Gott möchte nun allein in der Seele wirken, ohne daß sie ihn durch ihre Eigentätigkeit hindern kann. Allerdings gilt das bei Teresa zunächst für die Gebetszeiten. Gewiß müssen große innere Veränderungen, wie die Hingabe der drei Seelenkräfte, sich auch im Leben auswirken, aber was die Heilige interessiert und was sie schildert, sind die Erfahrungen des Gebets, beziehungsweise der Kontemplation. Aus den Erfahrungen aber, wie der wichtigsten Erfahrung, „daß Gott in der Seele war und sie in ihm" (5 M 1,9), entfalten sich die lebensverändernden Wirkungen. Für Teresa vor allem die aus der Gottesliebe erwachsende Nächstenliebe und die daraus entspringenden Werke. Der sogenannte „Schlaf", die Inaktivität der Seelenkräfte in der Kontemplation, wird durch eine zunehmende Lebensaktivität kompensiert.

Der unruhige Falter

Um das zu verdeutlichen, bedient sich Teresa ihres berühmten Schmetterlingsgleichnisses. Da ist zunächst die Raupe, die sich einspinnt, um sich ihrer Eigenliebe zu entledigen. Sie ist so von allen ihren Vorlieben und Abneigungen getrennt. In ihrem Kokon, den Teresa mit Jesus Christus vergleicht, d. h. mit der ausschließlichen Hingabe an ihn, stirbt die Raupe, d. h. der alte Mensch, der alte Adam, und ein weißer Falter schlüpft aus: die Geburt des neuen, des gottfähigen Menschen, dem es aber noch an Erfahrung und Reife fehlt. Darum spiegelt der Falter einen Doppelzustand der Seele: obwohl ruhig und glücklich im Gemüt, weiß er nicht, wo er sich niederlassen soll – Teresa folgt damit einer schmetterlingskundlichen Vorstellung ihrer Zeit. Er muß herumflattern. Der Falter symbolisiert also nicht etwa die endgültige Verwandlung, sondern einen Zwischenzustand, eine Schwebe zwischen dem Nichtmehr und dem Nochnicht.

Deutlicher denn je zeigt sich jetzt: Es gibt auf diesem mystischen Weg keine Plateaus, es gibt keine Rast, alles Wesentliche ist Übergang. So flattert der weiße Falter, der Seidenspinner, von der fünften bis in die siebente Wohnung, in der er sterben muß, damit, wie Teresa sagt, Christus in ihm lebe. Eine nochmalige Verwandlung also in den inneren, zum Manne gereiften Christus. Zuvor, in der sechsten Wohnung, erfährt der Falter seinen höchsten Flug und seine größte Unruhe. Zwar fliegt er im Licht, das Dunkel ist geschwunden. Aber mit dem Höherfliegen des Schmetterlings, was in gewisser Weise auch einen mystischen Weg nach oben andeutet, wird kein Ziel erreicht, sondern, im Gegenteil, das noch nicht Erreichte um so schmerzlicher fühlbar. Gott

schickt jetzt der Seele die stärksten Läuterungen.
Seine Gnade wird ihr verborgen, was zusammen-
hängt mit dem „Schlaf" oder der Lähmung der See-
lenkräfte; sie empfindet Ohnmacht, Armseligkeit,
Verlassenheit. Es ist das, was später Johannes vom
Kreuz als „Nacht Gottes" bezeichnen wird.

Die Leiden sind also in der sogenannten Erleuch-
tungsphase größer geworden, und gerade diese
schwierige Schwelle vor der siebenten Wohnung
wird als „geistliche Verlobung" bezeichnet. Unter
Verlobung versteht Teresa kurze Vereinigungen mit
Gott, die von starken mystischen Phänomenen, wie
Ekstasen, Visionen, Auditionen usw., begleitet sind.
Sie schaffen große Unruhe, weil das Beglückende
der kurzen Erfahrung im nachhinein eine gewaltige
Sehnsucht hervorruft, die noch nicht erfüllt werden
kann. Daher die Ruhelosigkeit des Falters; in der
sechsten Wohnung ist sie so unerträglich, daß sich
Todessehnsucht einstellt. Man möchte sterben, weil
man nicht stirbt. Das Gefühl der schmerzhaften
Liebe ist so stark, daß Teresa es empfindet wie einen
feurigen Pfeil, der ihr Herz durchbohrt. Sie beschreibt die in der Mystik seltene Erfahrung der
Transverberation, die Bernini zu seiner berühmten
Plastik anregte. Für Teresa handelt es sich um die
höchste Intensität schmerzlich Erfüllung verlangen-
der Liebe, die Amors Pfeil göttlich entflammte. Die
Seele leidet nun wie der heimatlose Falter:

„Es ist ihr, als hinge sie im Leeren, so daß sie sich
weder im Irdischen niederlassen noch zum Himmel
aufsteigen kann" (6 M, 11, 5).

Hier tauchen Feuerbilder auf, die später bei Johannes eine so große Rolle spielen sollen. Nicht nur der
feurige Pfeil, sondern auch der Funke, der von Gott
kommt und in der Seele eine Flamme erzeugt; zugleich Beglückung wie auch Leiden der Liebe, das

wie ein Fegefeuer erfahren wird. Diese zentralen Läuterungen hinterlassen gewaltige Wirkungen, die über die Gebetsstunden hinausgehen; Teresa nennt vor allem: man fürchtet fortan keine Leiden mehr, hängt weniger an den Geschöpfen, weil man nun weiß, daß nur im Schöpfer die ganze Wahrheit des Seins zu finden ist (vgl. 6 M 10,6).

Die Heilige sagt diese großen Dinge alle leicht, beinahe nebenbei, sie will ihre Schwestern nicht entmutigen. Vor allem läßt sie fühlen, daß dieser ganze Weg vom Anfang bis zum Ende immer von Liebe, und zwar von wachsender Liebe, getragen wird. Der zunehmenden Aktivität Gottes entspricht die sich steigernde Liebesfähigkeit des Menschen. In ihrer Menschenzugewandtheit kann Teresa von Ávila sich auch ihre schlicht dem Leben entnommenen und manchmal geradezu erheiternden Vergleiche leisten, etwa den des unfaßbaren Reichtums Gottes mit dem Nippeskabinett der Herzogin von Alba, das sie, wie sie erzählt, einmal sah, und wo es so viel zu schauen gab, daß sie danach alles vergaß und von den Gegenständen nichts in ihrem Gedächtnis blieb. Und sie erklärt: So ist es mit den plötzlichen Ekstasen, die Gott im Stande der geistlichen Verlobung schenkt. Man kann sich hinterher die erlebte Herrlichkeit nicht mehr vorstellen, so überwältigend war sie (vgl. 6 M 4,8)!

Diese sechste Wohnung hat Teresa derart fasziniert, daß sie ihr 80 Seiten widmet, viel mehr als jedem anderen Kapitel. Das liegt an der Fülle der zu beschreibenden mystischen Phänomene, die sie innerlich bewegen, weil sie sie zugleich als Liebesgabe Gottes und als Mittel der Läuterung erfährt. Diese Wechselduschen sind so heftig und darum so wirksam, daß nun der Eintritt in die siebente Wohnung, in Gottes Hochzeitsgemach, möglich wird.

Mit dem Eintritt in diese letzte Wohnung hat der qualvolle Wechsel ein Ende. Unio mystica meint einen dauerhaften Zustand. In der geistlichen Ehe, so sagt Teresa, kann sich das Paar nicht mehr trennen. Allerdings verbleiben noch Erdenreste, das absolute Heil ist in diesem Leben nicht erreichbar.

Teresa schildert das hochzeitliche Geschehen in der tiefsten Seelenmitte mit Hilfe zweier Visionen, die zeigen, worauf es ankommt: Christus gibt sich als der Auferstandene zu erkennen, und die Heilige Dreifaltigkeit wird im Innern erfahren „wie eine Entflammung, wie eine Wolke höchster Klarheit" (7 M 1, 7). Eine helldunkle Erfahrung also, an der das alles Bisherige übertreffende Aufflammen der Liebe das Entscheidende ist. Teresa betont, daß es sich um „geistige", d. h. bildlose Visionen handelte – deutlich ist nur die Präsenz von etwas, das man hernach versucht, in Bildern klarzumachen, weil die Sprache versagt. Der Mensch hat teil am Leben und Wirken Gottes.

Mit dem Leiden unerfüllter Liebessehnsucht ist es vorbei. Die Seele lebt in beseligendem Frieden. Und doch – und darum unterscheidet Teresa „die Seele" von „den Seelenkräften" – ist die alte Unruhe einer neuen, noch stärkeren gewichen, die sich aber nicht mehr gegen das eigene Innere wendet: die Unruhe, aus lauter Liebe nie genug tun zu können.

Die Ichsucht ist überwunden, die mystischen Phänomene sind verschwunden, weil es weder göttlicher „Besuche" noch schmerzhafter Läuterungen der bräutlichen Unvollkommenheit bedarf. Und dennoch, Teresas skeptischer Realismus und die Ehrlichkeit ihrer Erfahrungsberichte sagen es: läßliche Sünden sind noch möglich. Gott schickt seine Angetraute manchmal kurz auf Reisen, gibt Eheurlaub, entläßt aus seiner Gegenwart: also doch noch vorübergehende kurze und wegen des Läßlichen sanft läuternde Trennungsschmerzen. Vor allem aber ist in dieser Unio auf Erden ein neues großes Kreuz erstanden, Zeichen engster Christusbindung: das schon erwähnte Ungenügen am apostolischen Tun, was für Teresa ganz speziell heißt: das Gewinnen weiterer „Seelen", von Menschen also, die Gott lieben und ihm dienen und so den eigentlichen Sinn des Menschseins erfüllen. Das Ungenügen des Apostolats gründet in der gottgeschenkten Unendlichkeit des Liebens. Im Falle Teresas aber auch in den Bedingungen ihrer Zeit: Kirchenspaltungen und vor allem das neuentdeckte Amerika mit seinen Millionen andersgläubiger Indios. Teresa möchte dem Gekreuzigten helfen, daß der Unglaube weniger werde in der Welt. Auf der anderen Seite sieht sie ihre begrenzten Kräfte und meint: und wenn es nur eine einzige Seele wäre, dann wüßte ich, wofür ich gelebt habe (vgl. CC 66).

So sind Taten gefordert, Teresa sagt es ihren Töchtern: „Es ist die Bestimmung dieser geistlichen Ehe, daß aus ihr Werke geboren werden, Werke!" (7 M, 4,6). Oder, biblisch ausgedrückt, Maria und Marta müssen zusammengehen. Man soll aber nicht meinen, so sagt Teresa am Schluß tröstlich, daß man gleich die ganze Welt retten müsse. Man tue das Nächstliegende und Mögliche, ohne sich freilich auf kleine Schritte zu versteifen. Mit Gottes Hilfe können die Kräfte wachsen. Die Werke aber sind nicht Selbstzweck, sondern Ausdruck der Liebe: „Denn der Herr sieht weniger auf die Größe der Werke, als auf die Liebe, mit der sie getan werden" (7 M 4, 18).

Beides, sowohl die Liebe wie auch der grenzenlose Drang nach Werken der Liebe, bezeugen die

Teilhabe am Leben der göttlichen Dreifaltigkeit. In ihren Erfahrungsberichten schreibt Teresa: „Diese drei Personen befanden sich, so schien es mir, in meiner Seele, und ich sah, wie sie sich allen Geschöpfen mitteilten, keines ausließen und doch mein Inneres nicht verließen" (CC 15,4). Das ist die Bedeutung der siebten Wohnung in der „Inneren Burg", ist das Ziel eines Wegs, der von Anbeginn mit Christus gegangen wurde.

Rückblick

Um es noch einmal zusammenzufassen: Teresa bemüht sich, dem platonisch-christlichen Schema von Läuterung, Erleuchtung und Unio zu entsprechen. Aber die Läuterung setzt sich durch alle drei Phasen hindurch immer fühlbarer fort. Die „Erleuchtung" erfolgt dann allmählich, sie beginnt mit der zunehmenden Hingabe des eigenmächtigen Wirkens an Gottes Wirken, mit der wachsenden Übereinstimmung des Eigenwillens mit dem göttlichen Willen. Diese sogenannte Erleuchtung ist äußerst schmerzlich und wird am Ende nur noch ertragen, weil klare, kurze Erfahrungen der Gotteinung mit denen der Trennung abwechseln. Als dritte Phase enthält dann die Unio selbst noch Reste der vorangehenden Phasen, sie kann vollkommen erst im anderen Leben verwirklicht werden. Ihr irdisches Merkmal ist eine von Liebe getragene Aktivität. Wesentlicher als dieses dreigeteilte Schema ist das dualistische des ständigen Austauschs zwischen Mensch und Gott, zwischen Gläubigem und dem mit dem Vater und dem Heiligen Geist verbindenden Jesus Christus, wobei die Eigentätigkeit des Menschen immer mehr von Gottes Tun abgelöst wird. Doch wird damit auch der

Mensch immer wirksamer aktiv, weil das Mittun des göttlichen Willens seinem tiefsten und wahren Wesen entspricht.

Teresa, die über zwanzig Jahre um ein innerlich förderndes Gebet, um die rechte geistliche Haltung gerungen hatte, fragt im Blick auf den mystischen Weg: „Was geschieht in dem Menschen, der zu Gott strebt?" Ihre Perspektive ist anthropozentrisch, ist die der psychologischen Erfahrung. Sie ist zutiefst an ihren Mitmenschen, aber auch an den Bedingungen eigenen Mißlingens und Gelingens interessiert.

Johannes vom Kreuz

Grundsätzlich verläuft der mystische Weg in der Sicht des Johannes vom Kreuz parallel zu dem seiner Ordensmutter Teresa von Ávila. Für beide bedeutet das, was wir heute „Mystik" nennen, mehr als gelegentliche Gotteserfahrung. Diese ist nur dann sinnvoll und zur „mystischen Theologie" gehörig, wenn sie Markstein ist für das Ziel der untrennbaren Gotteinung, für die Unio mystica. Beide Karmeliten bilden letzte Höhepunkte der Frömmigkeitsbewegung der antischolastischen, person- und gefühlsbetonten Devotio moderna, und beide benutzen dennoch das zeitgemäße scholastische Vokabular, Johannes als Theologe in größerem Umfang als Teresa. Beide bieten Schwierigkeiten bei der sprachlichen Erschließung: Teresa wegen ihres nicht vulgären, aber doch familiären Sprechens, das so viel Vertrautes voraussetzt. Johannes, weil die mit dem scholastischen Vokabular angezielten Erfahrungen die Grenzen und Gewohnheiten des traditionellen Wortgebrauchs übersteigen.

Beide verfügen über eine hervorragende psychologische Begabung. Aber während bei Teresa das menschliche Verhalten im Mittelpunkt steht, geht es dem theozentrischen Johannes mehr um Gottes Tun und Wesen, das Quellpunkt individueller Antworten ist. Beide gehen aus von ihrer Christusliebe, vom Blick auf Christi Leben und Kreuz. Teresa erfährt ihre Verbundenheit vor allem in den Gebetsstunden, Johannes in einem kontemplativen Leben, das aus der Spannung zwischen dem Wissen um Gottes Transzendenz und der Erfahrung seiner Liebe erwächst. Beide Mystiker berufen sich auf die gleichen Bibelzitate, die alle Suche und Erfahrung begründen.

Aber während Teresa eine behütete Kindheit hatte, war die des Johannes ungeborgen und hart; während Teresa als junge Erwachsene unter inneren Schwierigkeiten und Krankheiten litt, mußte Johannes in Toledo die Grausamkeit seiner einstigen Mitbrüder erleben, mußte die Identitätskrise, die zweifelnde Frage nach Gottes Auftrag und Willen ertragen. Und diese Schläge trafen einen Menschen von unerhörter Sensibilität, Dichter seiner Natur, Theologe seiner Ausbildung nach.

Das ergibt eine andere Sichtweise im Leben und in der Darstellung des letztlich gleichen mystischen Weges. Gleich im Verständnis dieses Weges als Nachfolge Christi, als Berufung zur Teilhabe am Lieben der göttlichen Dreifaltigkeit, als Weg, der niemals allein, sondern immer mit Gott gegangen wird und eine einzige liebende Läuterung ist. In Etappen einteilbar höchstens durch die Akzente, die Gottes oder des Menschen Aktivität hervorheben, wobei das eine oder das andere nur überwiegt, sich aber nicht gegenseitig ausschließt. Wegen seiner sehr anderen Perspektive aber bedarf der Weg des Johannes, der heute so viele Menschen innerlich anspricht, der ganz speziellen Darlegung.

Perspektivenwechsel

Gerade weil er um so viele Dunkelheiten weiß, empfindet der heutige Christ den Johannes vom Kreuz als nah und verwandt. Doch würde man das Wichtigste übersehen, wenn man sagte: am Anfang ist bei ihm die Nacht. Nein, am Anfang ist die Liebe. Und was in der Nacht zunächst zu läutern ist, sind nicht, wie immer wieder gesagt und falsch übersetzt wird, „die Sinne" – aber auch nicht, wie Johannes wirklich sagt, „der Sinn", welcher Ausdruck noch zu erklären ist. Nein, zu läutern ist die falsche Ausrichtung des nur natürlichen, des, wie Paulus sagte, „fleischlichen Menschen", der in seiner erbsündigen Verfassung, auch wenn er getauft wurde, Gott nicht mehr im Blick hat. Das Taufgeschenk der Vergebung, die theoretische Aufhebung der erbsündigen Verfassung will erarbeitet werden, und das, so erfährt es der Mystiker der „Nächte", obwohl Gott in seiner Transzendenz ganz unzugänglich erscheint, wäre – ja, wäre nicht seine Liebe und seine Selbstoffenbarung in Jesus Christus.

Darum muß die Umkehr, muß die Besserung höher ansetzen als bei den Sinnen oder bei ihren „Gegenständen". Sie muß ansetzen beim „apetito", bei der Begehrlichkeit, dem egoistischen Antrieb also. Dieser aber ist letztlich geistig verwurzelt, weshalb Johannes schon in seinem Buch „Aufstieg zum Berge Karmel", zu dessen Beginn er „die Nacht des Sinnes" behandelt, die Läuterungsnotwendigkeit mit dem Hinweis auf die „razón" begründet, auf das Urteilsvermögen des Menschen. Er schreibt, und er schließt dabei an sein berühmtes Nachtgedicht an, denn alle seine Prosawerke erläutern Gedichte:

„In dieser ersten Strophe besingt die Seele das große Glück, das ihr zuteil wurde, indem sie alles

hinter sich lassen durfte und somit loskommen von
den Begehrlichkeiten und Unvollkommenheiten des
sinnenhaften Menschen, die aus der Unordnung in
seinem denkenden Urteilsvermögen hervorgehen"
(1 S 1,1).

Daß die Seele aber hinausgeht, von der engen Begehrlichkeit fortkommen möchte, hat seine Ursache
nicht in Pflicht und Vorsatz, sondern in der Liebe,
die als Licht durch alles Dunkel führt, weil Gott sie,
d.h. den liebenden Menschen, erwartet. So beginnt
das Gedicht:

> „In einer dunklen Nacht,
> entflammt in Liebe, brennend vor Verlangen, –
> o Glück, das selig macht! –
> bin ich hinausgegangen (. . .)"

Das ist zweifellos eine wunderschöne Nacht, eine
Liebesnacht. Und der Leser ist dann erschrocken,
wenn er auf die Prosa trifft: „Aktive Nacht des Sinnes und des Geistes" – das ist der „Aufstieg zum
Berge Karmel"; „passive Nacht des Sinnes und des
Geistes" – das ist das Buch von der „Dunklen Nacht".
Eigentlich sollten beide Bücher nur eines sein, und
im Vorwort zum ersten erläutert Johannes auch eine
Einteilung, die er später nicht durchführt. Aber das
passiert ihm eigentlich immer mit seinen Prologen,
die er offenbar vorher schreibt, um sich selbst eine
klärende Struktur zu schaffen, die später vom Erfah-
rungswissen überholt wird.

Diese beiden ersten Bücher versuchen ein *System*
des mystischen Weges, also keine Darstellung seines zeitlichen und progressiven Verlaufs, des inneren „Prozesses", wie man auch sagen könnte. Diesen
Verlauf und *Prozeß* legen dann die beiden nächsten
(und letzten) Bücher dar, der „Geistliche Gesang"
und die „Lebendige Flamme der Liebe" – beide waren

dem Johannes lieber als die systematischen Schriften. Aber seine Leser bleiben heute meist gleich beim ersten Werk, zumindest bei den ersten beiden, hängen. Und so bekamen die Einteilungen der Nacht im Bewußtsein der christlichen Öffentlichkeit ein viel zu starkes Gewicht. Wobei auch mancher Interpret übersieht, wie wenig sich Johannes an seine eigene Systematik hält, wie sehr immer wieder die lebendige Intuition und Erfahrung durchbricht, für die es – wie im Gedicht – nur eine einzige Nacht gibt, und die ist ein Glücksfall!

Man kann sie aber je nach Dunkelheit in drei Phasen einteilen: Sie spielt sich ab nach dem Abend, um Mitternacht und schon gegen Morgen. Johannes bevorzugte diese Einteilung, weil er damit dem zu seiner Zeit üblichen Dreierschema von Läuterung, Erleuchtung und Unio entgegenkommen konnte. Besonders versuchte er das im „Geistlichen Gesang", aber auch da ließ sich die lockere Vorgabe dieser Strukturierung nicht durchhalten. Viel schwieriger aber sieht es mit den beiden ersten Büchern aus, denn hier überlagern sich ständig ein Vierersystem, wie ich es erwähnte (Sinn und Geist aktiv und passiv), und das zeitübliche Dreiersystem, obwohl eigentlich alles nur eine einzige große Dynamik ist. Oder man könnte auch sagen, eine Dialektik von Licht und Nacht, die in die erstrebte Unio mystica mündet.

Um das besser zu verstehen und um sich nicht mit von Johannes selbst wieder verlassenen Einteilungen herumzuquälen, sei zunächst das Menschenbild des Juan de la Cruz angesprochen, wobei auch die Bedeutung von „sentido", „Sinn" statt Sinne, deutlich werden soll.

„Sinn" und „Geist"

Mit den teils platonisch, teils scholastisch denkenden Philosophen seiner Zeit sieht Juan de la Cruz im
Menschen fünf Schichten, die sich von unten nach
oben türmen: zuunterst der materielle, aber lebendige Körper; dann die äußeren fünf Sinne, darüber
die inneren: Imagination, Phantasie und die Leidenschaften. Diese drei unteren Schichten bilden zusammen den „Sinn", „sentido". Aber in der praktischen Anwendung des Wortes „sentido" wird daraus
bei Johannes mehr: nämlich der ganze sinnenhafte
Mensch, also der Gebrauch, den eine Person als
ganze von ihren Sinnen und ihrer Phantasie, ihren
Vorlieben und Abneigungen macht. Latent spielt
hier also schon wieder das Geistige hinein, die urtei-
lende „razón", von der Johannes im Eingangskapitel
zu seiner „Nacht des Sinnes" gesprochen hatte.

Um aber das Menschenbild fertigzubauen: auf die
inneren Sinne folgt nach oben der „Geist", „espíritu",
und der ist dreifach unterteilt, so daß man ihn als
menschliche Analogie oder Spiegelbild der Göttlichen Dreifaltigkeit deuten kann. Der Geist besteht
aus Verstand, Wille und Gedächtnis, deren Inhalte
man sich recht weit und reich vorstellen muß. Darüber aber gibt es noch eine fünfte und letzte Realität:
die Substanz, auch Seelengrund und Seelenzentrum
genannt (vgl. C 18, 1–6; L 1,12; 4,3). Der Seelengrund ist ganz ungeteilt und einfach, er ist darum
auch der eigentliche „Ort" Gottes im Menschen,
seine „Wohnung", um Teresas Wort zu gebrauchen,
möge man sich ihn nun oben, unten oder in der
Mitte denken.

Ganz folgerichtig erläutert darum Johannes Teresas „Wohnungen" auch als „Zentren", die freilich alle
zu dem einen und tiefsten Zentrum hingravieren

(Newtons Gravitationslehre kam erst später). Johannes sagt das so:

„Man muß wissen, daß das Streben der Seele zu Gott Kraft und Befähigung aus der Liebe gewinnt. Je höher nämlich der Grad der Liebe ist, um so tiefer dringt sie in Gott ein und findet in ihm ihr Zentrum. Folglich läßt sich sagen, daß den Graden der Liebe auch die Anzahl der Zentren in Gott entspricht, eines immer innerlicher als das andere, denn je stärker die Liebe ist, umso tiefer eint sie. Von hier aus können wir verstehen, was der Gottessohn über die vielen Wohnungen im Hause seines Vaters sagte. Schon ein einziger Grad der Liebe genügt, um mit Gott durch Gnade geeint zu werden. Dringt die Seele aber bis zum höchsten Grade vor, wird sie von Gott im tiefsten Zentrum berührt, verwandelt und erleuchtet gemäß ihrer Aufnahmefähigkeit in ihrem ganzen Sein und Wesen, bis sie selbst zu Gott geworden zu sein scheint." (L 1,13)

Die „Wohnungen" sind also mehr als Stufen der Läuterung, sie sind Grade der Liebe – und als Liebe sind sie Licht, sie erleuchten. So wie ja auch bei Teresa die Liebe läuterte, wobei es von Wohnung zu Wohnung heller wurde. Aber bei Johannes kommt noch etwas hinzu: das Licht der Liebe, das die Tiefe erleuchtende Licht Gottes wird, so lange die Reinigungsprozesse andauern, als Dunkel verschiedener Intensität erlebt. Weil nämlich Gott transzendent ist, d. h. weil er alles, was wir uns vorstellen und erfassen können, unendlich übersteigt. Das meint Johannes mit seiner Betonung des Andersseins Gottes, mit der Transzendenz, die ihn so erschüttert wie Teresa von Ávila die Sünde. Gott ist schöner, besser, mächtiger, barmherziger als alles, was wir kennen; und wenn wir mit ihm vereint werden wollen, müssen wir ihm ähnlich werden. D. h. wir müssen uns selbst übersteigen, was uns aus eigener Kraft nicht möglich wäre. Gott aber kann es uns schenken, indem er in uns eingeht, in uns wohnt. Wegen des „Überstiegs" können wir das nicht sehen, das verwandelnde Geschehen bleibt uns dunkel, selbst wenn uns die Theologen erklären, daß es so etwas wie eine vergöttlichende Gnade gibt.

Erst hier setzen nun wirklich die „Nächte" des Johannes vom Kreuz ein, der von der ersten, der Läuterung des Sinnes, selbst sagte, das sei noch keine wirkliche „Nacht", sondern eher ein Bereitmachen und Ausrichten des sich verdunkelnden „apetito", damit Gott sein eigentliches, verwandelndes Werk tun kann (vgl. 2 N 3, 1). Die wahre Läuterung und damit Nacht (die Gottes überhelles Licht bewirkt) beginnt erst im Geiste.

Beim „Geist" also, bei Verstand, Willen und Gedächtnis, setzt nun die „aktive Nacht" an, d. h., wir tun selbst etwas, wenn auch das Richtige nur mit Gottes Hilfe. Praktisch hebt Johannes aber schon in dieser menschlichen „Aktivität" sehr entschieden Gottes liebevolles und barmherziges Tun hervor. Wir können ihm nämlich nur näherkommen, wenn wir mit seiner Gnade den Verstand in Glauben verwandeln, den Willen in Liebe und das Gedächtnis in Hoffnung. Das geschieht nicht, wie in dem System des Buches, nacheinander, sondern zugleich, also miteinander. So wie auch Sinne und Geist nicht schichtweise nacheinander, sondern miteinander und in Wirkung aufeinander gereinigt werden.* Johannes ist sich der Ganzheit des Menschen sehr

---

* In seinem letzten Werk unterscheidet Johannes den „Körpersinn" und den „Seelensinn". Der Seelensinn – sentido del alma – geht vom Seelengrund, von der „Substanz" aus, die über die drei Potenzen den ganzen auf Gott gerichteten Menschen bewegt (vgl. L 3, 69).

wohl bewußt, sie ist ihm so wichtig wie die Einheit der Trinität.

Glaube, Liebe und Hoffnung gehören als Entsprechungen zum dreifaltigen Gott untrennbar zusammen. Wenn auch für Johannes, den denkenden Theologen, die Nacht des Glaubens besonders finster und besonders wichtig ist, kann man doch „mit den Füßen des Glaubens", wie er sagt (C 1,11), nur auf dem Boden der Liebe oder unter Führung der Liebe gehen, denn im Glauben hat der Verstand akzeptiert, daß er alleine blind ist. So wie auch die anderen Seelenkräfte ihr Unzureichendes einsehen mußten. Sich zurückzunehmen und zu öffnen ist jetzt ihre eigentliche Aktivität.

Es gibt für das Einsetzen dieser „aktiven Nacht des Geistes" sogar ein Kennzeichen: den notwendig werdenden Übergang von der Meditation zur Kontemplation. Johannes erklärt es genau. Man mag plötzlich nicht mehr einfühlsam und bildhaft über die Dinge Gottes, über das Leben und Sterben Christi nachsinnen, der innere Widerstand wird immer größer. Und man sollte sich nicht sorgen, daß man nun christlich zurückfalle, sofern „der Seele" ein Zeichen bleibt: daß sie nämlich ein ganz unerklärlicher Friede erfüllt, eine tiefe Ruhe durchströmt, die sich mit einem liebevollen Aufmerken auf Gott verbindet. Seine Anwesenheit bleibt spürbar, und der Mensch antwortet darauf unwillkürlich mit Liebe, wenn es auch zunächst nur ein Fünkchen sein mag. Daran wird deutlich, daß es sich nicht um eine bedenkliche Lauheit handelt, sondern um den gottgewirkten Beginn der Kontemplation, d. h. um seine Präsenz jenseits von Worten und Bildern (vgl. 2 S 12,3–6; 13,6).

Dieser Übergang wird vorwiegend in den Gebetsstunden erfahren, aber man lasse sich deswegen nicht täuschen: die Kontemplation ist im Verständnis des Johannes nicht, wie für Teresa, die bei diesem Übergang vom „Gebet der Ruhe" spricht, eine neue „Gebetsart": sie ist eine Lebenshaltung. Das wird deutlich an der nun einsetzenden Verwandlung der Seelenvermögen in Glaube, Liebe und Hoffnung.

Dunkle Nacht des Glaubens

Da für Johannes Liebe den ganzen Weg bestimmt, da Hoffnung überhaupt den Mut gibt, diesen Weg zu gehen, muß nun der Glaube näher betrachtet werden, zumal Johannes, der unter der Unfähigkeit des Verstandes als „Akademiker", wenn ich so sagen darf, sehr leidet, zu einem ganz neuen Glaubensverständnis kommt, das auch für uns wichtig ist.

Johannes sieht, daß Gottes Transzendenz die sprachlichen und bildhaften Formulierungen der Glaubensartikel übersteigt, so wie die Kontemplation die Meditation transzendiert. Er sieht zugleich, daß Glaube auf der Selbstoffenbarung Gottes in Jesus Christus beruht, er ist also letztlich ein rückhaltloses Sichausliefern des ganzen Gottes – wenn wir das nur verstehen könnten! Darum wird der Glaube, der wie die Liebe zunächst durch wiederholte Akte erkennender Meditation gefestigt und zum „Zustand" wurde (vgl. 2 S 14, 2), nun in die Gott vergegenwärtigende kontemplative Haltung hineingenommen, die das ganze Leben bestimmt. Der Weg zu Gott ist nur zu gehen in Ganzhingabe und rückhaltlosem, liebegetragenem Vertrauen. Für diese Haltung ist es unwichtig, ob man die Transzendenz der Glaubenssätze „versteht". Johannes bringt dafür das Bild des goldenen Gefäßes, dessen Oberfläche versilbert ist. Man sieht das Silber (die Glaubensartikel), aber die Substanz ist Gold (Gott) (vgl. C 12,4). Darum kann Johannes sagen: „Der Glaube vermittelt uns Gott selbst" (C 12,4), und er meint mit der „dunklen Nacht des Glaubens", mit dieser finsteren „Mitternacht", nicht im modernen Sinne Glaubensschwierigkeiten, sondern das helle Licht, das Gott mit seiner Selbstoffenbarung schenkt: Und das Licht leuchtet in der Finsternis, und die Finsternis hat es nicht begriffen (vgl. Joh 1,5).

Die aktive Verwandlung in Glaube, Liebe und Hoffnung macht die „Seele", wie Johannes die Protagonistin seiner Bücher nennt, zur Braut Christi. Sie hat für ihre Hochzeit das unerläßliche Gewand vorbereitet: ein Kleid im Weiß des Glaubens, im Rot der Liebe und im Grün der Hoffnung (vgl. 2 N 21,1–10).

Gottesnacht

Aber bis zur Hochzeit muß noch einiges geschehen, die dunkle Nacht des Glaubens, der Hoffnung und der Liebe wird von der noch dunkleren Nacht Gottes abgelöst, die paradoxerweise auch schon wieder als heller gilt, weil man sich dem Morgen nähert. Ähnlich wie in Teresas sechster Wohnung Beglückung und Schmerz in kaum noch erträglicher Intensität und Schnelligkeit sich ablösen, ist auch diese „Nacht Gottes" bei Johannes, der Zustand der „geistlichen Verlobung", als Ganzes gesehen ein Helldunkel, in dem die Nacht-Licht-Dialektik ihr Wesen zeigt. Für den das Erfahrenden ist sie allerdings zunächst „horrenda", wie Juan sagt, schrecklich, denn sie ist ganz passiv, ganz gottgewirkt und darum viel unverstehbarer und schwerer zu akzeptieren als die aktive Nacht des Geistes.

Begleitet wird sie von einer „passiven Nacht des

Sinnes", denn eines läßt sich nicht ohne das andere läutern; das wird nun, da es um das Letzte geht, besonders deutlich.

Johannes nennt diese passive Nacht „die Nacht Gottes" nicht nur, weil sie ganz von Gott bewirkt und gelenkt wird, sondern auch, weil dem betroffenen Kontemplativen oder Gläubigen in dieser Nacht Gott ganz verschwindet. Und das hat seinen Grund: Auch der frömmste Mensch behält in sich Reste von Anfechtungen, die gleichsam in Kompensation zu seinem gotterfüllten Leben stark werden können – man denke nur an die Versuchung Jesu durch den Teufel, um das stärkste Beispiel zu wählen. Und durch die verbliebenen Unvollkommenheiten, die so tief sitzen, daß das Bemühen des Menschen nicht an sie herankommt, können auch die Gnaden, die Geschenke Gottes, pervertiert werden.

Der religiös Fortgeschrittene entwickelt, ganz im geheimen und für ihn selber unsichtbar, Hochmut, geistliche Habsucht und geistliche Genußsucht, kurz, der „apetito" wird nun ins Geistige und Geistliche übertragen. Hier muß Gott eingreifen. Aber „die Seele", wie Johannes sagt, die ihm mit den unzugänglichen und hartnäckigen Wurzeln des Begehrens begegnet, darf von Gottes Arbeit nichts bemerken, anders würde sie darauf wieder mit Begehrlichkeit antworten, eine Schraube ohne Ende! Darum muß Gott nun aus dem unzugänglichen Seelengrunde heraus unsichtbar, unerkennbar wirken. Die Folge ist, daß der Betroffene sich gottverlassen fühlt, daß er, der geistliche Fortgeschrittene, dem Gott schon alles ist, auf einmal keinen Zugang mehr zu ihm bekommt. Es ist die Situation, die, wie Johannes erklärt, Christus am Kreuz vorlebte. Aber weil sie so überaus schrecklich ist und je nach den Läuterungsnotwendigkeiten dauern muß, schenkt Gott in seiner

Liebe zwischendurch Erfahrungen seines Lichtes und seiner Liebe.

Diese beglückenden Erfahrungen spielen dann eine große Rolle in Juans persönlichem Hochzeitslied, dem „Geistlichen Gesang". Hier wird die Nacht ersetzt durch die Suche, die freilich, wie in dem schönen Nachtgedicht und wie im Hohenlied, wieder im Dunkel erfolgt – aber doch immer im Blick auf das kommende Licht des Findens, weshalb „der Nacht Gelassenheit", wie Johannes dichtet, nun zugleich gesehen wird mit „des Morgenrotes Steigen", wo das „Nachtmahl" ein Hochzeitsmahl ist, dem die Seligkeit der Vereinigung folgen wird. Das wäre dann die Parallele zu Teresas siebenter Wohnung.

Unio mystica

Aber Johannes vom Kreuz geht kühn und als einziger, zumindest unter den spanischen Mystikern, noch einen Schritt weiter. In seinem letzten Werk, der „Lebendigen Flamme der Liebe", faßt er nicht nur den ganzen Weg noch einmal zusammen, wobei freilich die Nacht nur noch ganz am Rande erwähnt wird. Ihr entspricht jetzt das Feuer, das auch schon am Ende des Hochzeitslieds leuchtete. Zuerst verbrennt und schmerzt es, läutert wie das „Licht" der Nacht, am Ende aber zeigt es seine eigentliche Natur: die Liebe des Heiligen Geistes, die Liebe Christi, Pfingstfeuer über den Häuptern der Apostel und im Herzen des Gläubigen.

Aus dem mystischen Weg zu zweien, von denen immer einer vorangehen mußte, ist eine liebende Einheit geworden, bei der die Person Gottes und die Person des Menschen nicht verschmelzen, wohl aber in ihrem Wollen und Lieben ununterscheidbar geworden sind. Christus ist mehr als das Gegenüber des Christen, er lebt und wirkt auch in ihm, und er nimmt den Glaubenden, der ihn liebt, mit hinein in das Leben der Heiligen Dreifaltigkeit, die nun endgültig Wohnung nimmt in der Seele, womit auch die Seele eine Wohnung im Himmel erhält. Johannes sagt das im dritten Buch dieses seines letzten Werkes, das er bis zu seinem bitteren, von neuen Ordensintrigen überschatteten Tod überarbeitete, so:

„Die Seele schenkt dem Geliebten das Licht und die Glut, die sie von ihrem Geliebten empfängt. (...) Und wie sich ihr Gott aus freiem und sich darbringendem Willen hingibt, ist auch der Wille der Seele umso freier und großherziger, je mehr sie geeint ist. Sie gibt Gott selbst in Gott an Gott. Und dieses Geschenk ist ganz und wahrhaftig das ihre. Die Seele gibt damit Gott aus freien Stücken den Heiligen Geist als ihr Eigentum, auf daß Gott in ihm geliebt werde, wie er es verdient. (...) Und das ist die große Freude und Verwirklichung der Seele: Zu sehen, daß sie Gott mehr geben kann, als sie von sich aus besäße, und zwar mit demselben göttlichen Licht und derselben göttlichen Glut, die sie von ihm empfängt. Das wird im anderen Leben im Licht der Herrlichkeit geschehen – in diesem Leben geschieht es im hell durchstrahlten Glauben." (L 3, 78–80)

Mit diesem von Christus durchstrahlten Glauben, mit dieser Einheit des Wollens und Liebens, stehen wir am Schluß des mystischen Weges, wie ihn Johannes vom Kreuz erfuhr und beschrieb. Hier erfüllt sich das Gebet Christi: „Wie du, Vater in mir bist und ich in dir bin, sollen auch sie in uns sein. (...) Ich habe ihnen deinen Namen bekannt gemacht und werde ihn bekannt machen, damit die Liebe, mit der du mich geliebt hast, in ihnen ist, und damit ich in ihnen bin" (Joh 17, 21–26).

Rückblick und Ausblick

Diese Worte Christi aus dem Johannesevangelium enthalten die ganze Mystik des Johannes vom Kreuz. Abschließend sei noch ein kurzer Rückblick gestattet. Beide Mystiker, Teresa und Johannes, sind uns heutigen Christen lieb und nah, sobald wir beginnen, sie zu verstehen. Beide gründen ihren mystischen Weg auf das Leben und Sterben Jesu Christi und auf seine Lehre in den Evangelien, darüber hinaus auch auf die ganze Heilige Schrift. Teresa scheint oft besonders „modern" durch ihre ganz spontane Gotteserfahrung und Christusliebe mitten im Alltag und „bei den Kochtöpfen" (F 5, 8). Aber es gibt bei ihr dazu ein Gegengewicht, das uns fremd erscheint und das wir gern übergehen: ihre hohe Bewertung mystischer Phänomene, insbesondere ihrer Visionen und auditiven Christusbegegnungen. Ihr eigenes Verhältnis dazu wechselt: bald fürchtet sie die darin mögliche Täuschung, bald verweist sie auf die innere Förderung, die sie durch diese Dinge erfuhr, was auch zum Mißverstehen christlicher Mystik als eines esoterischen Geschehens beitrug.

Johannes, der ebenfalls von mystischen Phänomenen wie Levitationen, Auditionen, Visionen heimgesucht wurde, bemüht sich dennoch, diese Dinge, in denen er ein Ungleichgewicht zwischen Körper und Seele, Sinnen und Geist, erkennt, aus dem wahren Mystikverständnis herauszuhalten. Mystik ist für ihn der Weg, den jeder Christ gehen kann, wenn er bereit ist, Gottes Läuterungen in Liebe zu ertragen. Auch Johannes vom Kreuz begegnet Gott im Alltag, aber vor allem, und das bringt ihn uns heute so nah, in den unbegreiflichen Leiden und Dunkelheiten dieses Alltags: Noch das Sinnloseste kann Sinn erhalten; aus der Krise erwächst, was uns voranbringt: das ist seine Botschaft.

Weil er die in älterer Mystik oft hervorgehobenen Phänomene als Gefahr für die Liebe und Demut bekämpft, hat man von ihm gesagt, er habe mit seinem Werk für die Mystik geleistet, was Cervantes, der mit dem „Don Quijote" dem absurd werdenden Ritterroman ein Ende bereitete, für die Literatur getan hat*.

Als Mystiker bringt Johannes etwas ganz Neues, sehr Modernes in die mystische Theologie. Weil er nicht den Menschen allein in den Mittelpunkt seiner Darlegungen stellt, sondern das dynamische Spannungsverhältnis zwischen Mensch und Gott, läßt er in den kontemplativen oder mystischen Prozeß tiefer denn je hineinschauen: Ausgehend vom Wesen und Wollen Gottes zeigt er die mögliche subjektive Antwort des sich wandelnden Menschen; und auch die unabsehbare Verschiedenheit der Antworten. Weshalb er für die letzte entscheidende Etappe keine Kennzeichen mehr angibt, keine Anweisungen erteilt, sondern nur noch bemüht ist, zu trösten und zu ermutigen, indem er unter einem leichten Schleier des Objektiven von der eigenen Erfahrung berichtet.

---

* Vgl. E. Pacho, a.a.O., S.105.

Literaturhinweise

a) Spanische Dünndruckausgaben der Werke:

San Juan de la Cruz, Obras completas (Herausgeber J. V. Rodríguez, F. Ruiz Salvador), Ed. de Espiritualidad, Madrid ²1980.
Vida y obras de San Juan de la Cruz. (Vida: Crisógono de Jesús, Herausgeber M. del Niño de Jesús, L. Ruano), Biblioteca de Autores Cristianos 15, Madrid ¹⁰1978.
Santa Teresa de Jesús, Obras completas (Herausgeber E. de la Madre de Dios und O. Steggink), Biblioteca de Autores Cristianos 212, Madrid ⁶1979.

Abkürzungen der spanischen Werke

Johannes vom Kreuz: A = Avisos, C = Cántico Espiritual (Fassung B), D = Dichos de Luz y Amor, E = Epistolario, L = Llama de amor viva (Fassung B), N = Noche oscura, S = Subida del Monte Carmelo.

Teresa von Ávila: C = Camino de Perfección (Valladolid), CC = Cuentas de Conciencia, Cta = Carta, F = Libro de las Fundaciones, M = Moradas del Castillo interior, V = Vida.

b) Werke zur Biographie:

Vgl. oben Crisógono de Jesús.
Ismael Bengoechea, San Juan de la Cruz y la mujer, Ed. Monte Carmelo, Burgos, Carmelitas Descalzos Cádiz 1986.
Alonso de la Madre de Dios, Vida, virtudes y milagros del santo padre Fray Juan de la Cruz (Autor 1558–1635), 1. Edition de Espiritualidad Madrid 1989.
Erika Lorenz, Licht der Nacht. Johannes vom Kreuz erzählt sein Leben. Verlag Herder, Freiburg i. Br. 1990.
Erika Lorenz, Ins Dunkel geschrieben – Johannes vom Kreuz, Briefe geistlicher Führung. Herder-Taschenbuch Nr. 1505, Freiburg i. Br. 1987.

c) Werke zur Mystik und Christologie:

Eulogio Pacho, Iniciación a San Juan de la Cruz, Ed. Monte Carmelo, Burgos 1982.

Federico Ruiz Salvador, Introducción a San Juan de la Cruz, Biblioteca de Autores Cristianos 1968.

Federico Ruiz Salvador, Místico y Maestro, San Juan de la Cruz, Ed. de Espiritualidad, Madrid 1986.

Secundino Castro, Hacia Dios con San Juan de la Cruz, Ed. de Espiritualidad, Madrid 1986.

d) Werke zur Dichtung:

Helmut Hatzfeld, Estudios sobre mística española, Ed. Gredos, Madrid 1955.

Dámaso Alonso, La poesía de San Juan de la Cruz, Ed. Aguilar, Madrid ²1966.

Hans-Urs von Balthasar in „Herrlichkeit", II, 2, Johannes-Verlag, Einsiedeln ²1969.

Georges Tavard, Jean de la Croix, Poète mystique, Ed. Cerf, Paris 1987.

Walter Repges, Johannes vom Kreuz, der Sänger der Liebe, Verlag Echter, Würzburg 1985.

e) Werke zu Vorläufern und Einflüssen:

Jean Orcibal, Saint Jean de la Croix et les mystiques rhéno-flamands, Ed. Desclée de Brower, Paris 1966. (Spanisch bei: Universidad Pontífica de Salamanca, Salamanca 1987.

Erika Lorenz, Der nahe Gott im Wort der spanischen Mystik, Verlag Herder, Freiburg i. Br. 1985.

E. de la Madre de Dios / O. Steggink, Tiempo y vida de Santa Teresa, Biblioteca de Autores Cristianos, Madrid ²1977.

E. Naszályi, Mit Bernhard von Clairvaux ins Abenteuer der Liebe, St. Ottilien 1989.

Erika Lorenz, Ein Pfad im Wegelosen. Teresa von Ávila – Erfahrungsberichte und innere Biographie, Herder-Taschenbuch Nr. 1307, Freiburg . Br. ²1990.

Islam: Luce López Baralt, San Juan de la Cruz y el Islam, Puerto Rico 1985.

Luce López Baralt, Huellas del Islam en la literatura española, (hierin auch über San Juan de la Cruz und über Teresas „Innere Burg"). Ed. Hiperión, Madrid 1985.

Zitationen aus anderen Werken sind in Fußnoten angegeben.